AF603298

MANUEL

DES

LOIS LES PLUS USUELLES

CIVILES ET MILITAIRES

Indispensables d'être connues de toutes les Familles

PAR J. GOUPIL.

PRIX 50 centimes.

AMIENS

IMPRIMERIE ALFRED CARON FILS ET Cie,

Rue du Lycée, 73 et boulevard Fontaine, 52.

—

1875.

Sommaire :

MANUEL

DE

LOIS LES PLUS USUELLES

CIVILES ET MILITAIRES

Indispensables d'être connues de toutes les Familles

PAR J. GOUPIL.

LOIS CONSTITUTIONNELLES.

Loi relative à l'organisation des Pouvoirs publics.

L'Assemblée nationale a adopté la loi dont la teneur suit :

ART. 1er — Le pouvoir législatif s'exerce par deux Assemblées : la Chambre des députés et le Sénat.

La Chambre des députés est nommée par le suffrage universel, dans les conditions déterminées par la loi électorale.

La composition, le mode de nomination et les attributions du Sénat seront réglés par une loi spéciale.

ART. 2. — Le Président de la République est élu à la majorité absolue des suffrages par le Sénat et par la Chambre des députés réunis en Assemblée nationale. Il est nommé pour sept ans; il est rééligible.

ART. 3. — Le Président de la République a l'initiative des lois, concurremment avec les membres des deux Chambres ; il promulgue les lois lorsqu'elles ont été votées par les deux Chambres ; il en surveille et en assure l'exécution.

Il a le droit de faire grâce ; les amnisties ne peuvent etre accordées que par une loi.

Il dispose de la force armée.

Il nomme à tous les emplois civils et militaires.

Il préside aux solennités nationales; les envoyés et les ambassadeurs des puissances étrangères sont accrédités auprès de lui.

Chacun des actes du Président de la République doit être contresigné par un ministre.

Art. 4. — Au fur et à mesure des vacances qui se produiront à partir de la promulgation de la présente loi, le Président de la République nomme, en Conseil des Ministres, les conseillers d'État en service ordinaire.

Les conseillers d'État ainsi nommés, ne pourront être révoqués que par décision prise en Conseil des Ministres.

Les conseillers d'État nommés en vertu de la loi du 24 mai 1872 ne pourront, jusqu'à l'expiration de leurs pouvoirs, être révoqués que dans la forme déterminée par cette loi.

Après la séparation de l'Assemblée nationale, la révocation ne pourra être prononcée que par une résolution du Sénat.

Art. 5. — Le Président de la République peut, sur l'avis conforme du Sénat, dissoudre la Chambre des Députés avant l'expiration légale de son mandat.

En ce cas, les colléges électoraux sont convoqués pour de nouvelles élections, dans le délai de trois mois.

Art. 6. — Les ministres sont solidairement responsables devant les Chambres de la politique générale du Gouvernement, et individuellement de leurs actes personnels.

Le Président de la République n'est responsable que dans le cas de haute trahison.

Art. 7. — En cas de vacance par décès ou par

toute autre cause, les deux Chambres réunies procèderont immédiatement à l'élection d'un nouveau Président. Dans l'intervalle, le Conseil des ministres est investi du pouvoir exécutif.

Art. 8. — Les Chambres auront le droit, par délibérations séparées, prises dans chacune à la majorité absolue des voix, soit spontanément, soit sur la demande du Président de la République, de déclarer qu'il y a lieu de réviser les lois constitutionnelles.

Après que chacune des deux Chambres aura pris cette resolution, elles se réuniront en Assemblée nationale pour procéder à la révision.

Les délibérations portant révision des lois constitutionnelles, en tout ou en partie devront être prises à la majorité absolue des membres composant l'Assemblée nationale.

Toutefois, pendant la durée des pouvoirs conférés par la loi du 20 novembre 1873 à M. le Maréchal de Mac Mahon, cette révision ne peut avoir lieu que sur la proposition du Président de la République.

Art. 9. — Le siége du pouvoir exécutif des deux Chambres est à Versailles.

Délibéré en séances publiques, à Versailles, les vingt-deux janvier, trois et vingt-cinq février mil huit cent soixante-quinze.

Le président,
Signé : L. Martel (Pas-de-Calais).

Les secrétaires,
Signé : Louis de Ségur, Félix Voisin, Duchatel,
Vicomte Blin de Bourdon, Vandier.

Le Président de la République promulgue la présente loi.

Signé : Maréchal de MAC MAHON,
duc de Magenta.

Le Vice-Président du Conseil, Ministre de la Guerre,
Général E. de Cissey.

Composition du Gouvernement.

RÉPUBLIQUE FRANÇAISE.

Président: M. le Maréchal de Mac Mahon, duc de Magenta.

Ministre de l'Intérieur : M. Buffet.

Ministre de la Justice : M. Dufaure.

Ministre des Affaires étrangères : M Descazes.

Ministre des Finances : M. Léon Say.

Ministre de la Guerre : M, le général de Cissey.

Ministre de la Marine : M. l'amiral de Montaignac.

Ministre de l'Instruction publique : M. Wallon.

Ministre des Travaux publics : M. Caillaux.

Ministre de l'Agriculture et du Commerce : M. de Meaux.

Loi relative à l'organisation du Sénat.

L'Assemblée nationale a adopté la loi dont la teneur suit :

ART. 1er. — Le Sénat se compose de trois cents membres.

Deux cent vingt-cinq élus par les départements et les colonies, et soixante-quinze élus par l'Assemblée nationale.

ART. 2. — Les départements de la Seine et du Nord éliront chacun cinq sénateurs.

Les départements de la Seine-Inférieure, Pas-de-Calais, Gironde, Rhône, Finistère, Côtes-du-Nord, chacun quatre sénateurs.

La Loire-Inférieure, Saône-et-Loire, Ille-et-Vilaine, Seine-et-Oise, Isère, Puy-de-Dôme, Somme, Bouches-du-Rhône, Aisne, Loire, Manche, Maine-et-Loire, Morbihan, Dordogne, Haute-Garonne, Charente-Inférieure, Calvados, Sarthe, Hérault, Basses-Pyrénées, Gard, Aveyron, Vendée, Orne, Oise, Vosges, Allier, chacun trois sénateurs.

Tous les autres départements, chacun deux sénateurs.

Le territoire de Belfort, les trois départements de l'Algérie, les quatre colonies de la Martinique, de la Guadeloupe, de la Réunion et des Indes françaises éliront chacune un sénateur.

Art. 3. — Nul ne peut être sénateur, s'il n'est Français, âgé de quarante ans au moins, et s'il ne jouit de ses droits civils et politiques.

Art. 4. — Les Sénateurs des départements et des colonies sont élus à la majorité absolue, et, quand il y a lieu, au scrutin de liste, par un collége réuni au chef-lieu du département ou de la colonie et composé :

1° Des députés ;

2° Des Conseillers généraux ;

3° Des Conseillers d'arrondissement ;

4° Des délégués élus, un par chaque Conseil municipal, parmi les électeurs de la commune.

Dans l'Inde française, les membres du Conseil colonial ou des conseils locaux sont substitués aux conseillers généraux, aux conseillers d'arrondissements et aux délégués des conseils municipaux.

Ils votent au chef-lieu de chaque établissement.

Art. 5. — Les Sénateurs nommés par l'Assemblée sont élus au scrutin de liste, et à la majorité absolue des suffrages.

Art. 6. — Les sénateurs des Départements et des colonies sont élus pour neuf années et renouvelables par tiers, tous les trois ans.

Au début de la première session, les départements seront divisés en trois séries, contenant chacune un égal nombre de sénateurs; il sera procédé, par la voie du tirage au sort, à la désignation des séries qui devront être renouvelées à l'expiration de la première et de la deuxième période triennale.

Art. 7. — Les sénateurs élus par l'Assemblée sont inamovibles.

En cas de vacance, par décès, démission ou autre

cause, il sera, dans les deux mois, pourvu au remplacement par le Sénat lui-même.

Art. 8. — Le Sénat a, concurremment avec la Chambre des députés, l'initiative et la confection des lois.

Toutefois les lois de finances doivent être, en premier lieu, présentées à la Chambre des députés et votées par elle.

Art. 9. — Le Sénat peut être constitué en cour de justice pour juger soit le Président de la République soit les ministres, et pour connaître des attentats commis contre la sûreté de l'Etat,

Art. 10. — Il sera procédé à l'élection du Sénat un mois avant l'époque fixée par l'Assemblée nationale pour sa séparation.

Le Sénat entrera en fonctions et se constituera le jour même où l'Assemblée nationale se séparera.

Art. 11. — La présente loi ne pourra être promulguée qu'après le vote définitif de la loi sur les pouvoirs publics.

Délibéré en séance publique, à Versailles, le vingt-quatre février mil huit cent soixante-quinze.

Le Président,
Signé : Audren de Kerdrel.

Les secrétiraes,

Signé: Félix Voisin, Vandier, Duchatel, vicomte Blin de Bourdon, Louis de Ségur.

Le Président de la République promulgue la présente loi.

Signé : Maréchal de MAC MAHON,
duc de Magenta.

Le Vice-Président du Conseit, Ministre de la Guerre.

Signé : Général E. de Cissey.

Pour copie conforme.

Le Préfet de la Somme,
E. POUGNY,

Loi sur le Recrutement de l'Armée.

TITRE PREMIER. — Dispositions générales.

ART. 1er. Tout Français doit le service militaire personnel.

2. Il n'y a dans les troupes françaises ni prime en argent, ni prix quelconque d'encouragement.

3. Tout Français qui n'est pas déclaré impropre à tout service militaire peut être appelé depuis l'âge de vingt ans jusqu'à celui de quarante ans, à faire partie de l'armée active et de réserve, selon le mode déterminé par la loi.

4. Le remplacement est supprimé.

Les dispenses du service, dans les conditions spécifiées par la loi, ne sont pas accordées à titre de libération définitive.

5. Les hommes présents au corps ne prennent part à aucun vote.

6. Tout corps organisé en armes est soumis aux lois militaires, fait partie de l'armée, et relève, soit du Ministre de la guerre, soit du Ministre de la marine.

7. Nul n'est admis dans les troupes françaises s'il n'est Français.

Sont exclus du service militaire, et ne peuvent à aucun titre servir dans l'armée :

1° Les individus qui ont été condamnés à une peine afflictive ou infamante.

2° Ceux qui, ayant été condamnés à une peine correctionnelle de deux ans et au-dessus, ont en outre été placés par le jugement de condamnation sous la surveillance de la haute police et interdits, en tout ou en partie, des droits civiques, civils ou de famille.

TITRE II. — Des Appels.

PREMIÈRE SECTION.

Du recensement et du tirage au sort.

8. Chaque année, les tableaux de recensement des jeunes gens ayant atteint l'âge de vingt ans révolus

dans l'année précédente, et domiciliés dans le canton, sont dressés par les maires :

1° Sur la déclaration à laquelle sont tenus les jeunes gens, leurs parents ou leurs tuteurs ;

2° D'office, d'après les registres de l'état civil et tous autres documents et renseignements.

Ces tableaux mentionnent dans une colonne d'observations la profession de chacun des jeunes gens inscrits.

Ces tableaux sont publiés et affichés dans chaque commune et dans les formes prescrites par les articles 63 et 64 du Code civil. La dernière publication doit avoir lieu au plus tard le 15 janvier.

Un avis publié dans les mêmes formes indique le lieu et le jour où il sera procédé à l'examen desdits tableaux et à la désignation, par le sort, du numéro assigné à chaque jeune homme inscrit.

9. Les individus nés en France de parents étrangers, et les individus nés à l'étranger de parents étrangers naturalisés Français, et mineurs au moment de la naturalisation de leurs parents, concourent dans les cantons où ils sont domiciliés, au tirage qui suit la déclaration faite par eux en vertu de l'article 9 du Code civil, et de l'article 2 de la loi du 7 février 1851.

Les individus déclarés Français en vertu de l'article 1er de la loi du 7 février 1851, concourent également, dans le canton où ilssont domiciliés, au tirage qui suit l'année de leur majorité, s'ils n'ont pas réclamé leur qualité d'étranger conformément à ladite loi.

Les uns et les autres ne sont assujettis qu'aux obligations de service de la classe à laquelle ils appartiennent par leur âge.

10. Sont considérés comme légalement domiciliés dans le canton :

1° Les jeunes gens, même émancipés, engagés, établis au dehors, expatriés, absents ou en état d'emprisonnement si d'ailleurs leur père, mère ou tuteur ont leur domicile dans une des communes du canton, ou si leur père expatrié avait son domicile dans une desdites communes;

2° Les jeunes gens mariés dont le père, ou la mère à défaut de père, sont domiciliés dans le canton à moins qu'ils ne justifient de leur domicile réel dans un autre canton;

3° Les jeunes gens mariés et domiciliés dans le canton, alors même que leur père ou leur mère n'y seraient pas domiciliés;

4° Les jeunes gens nés et résidant dans le canton, qui n'auraient ni leur père, ni leur mère, ni tuteur;

5° Les jeunes gens résidant dans le canton, qui ne seraient dans aucun des cas précédents, et qui ne justifieraient pas de leur inscription dans un autre canton.

11. Sont, d'après la notoriété publique, considérés comme ayant l'âge requis pour le tirage, les jeunes gens qui ne peuvent produire ou n'ont pas produit, avant le tirage, un extrait des registres de l'état civil constatant un âge différent, ou qui, à défaut de registre, ne peuvent prouver ou n'ont pas prouvé leur âge conformément à l'article 46 du Code civil.

12. Si dans les tableaux de recensement, ou dans les tirages des années précédentes, des jeunes gens ont été omis, ils sont inscrits sur les tableaux de recensement de la classe qui est appelée après la découverte de l'omission, à moins qu'ils n'aient trente ans accomplis à l'époque de la clôture des tableaux.

Après cet âge, ils sont soumis aux obligations de la classe à laquelle ils appartiennent.

13, Dans les cantons composés de plusieurs communes, l'examen des tableaux de recensement et le tirage au sort ont lieu au chef-lieu de canton, en séance publique, devant le sous-préfet, assisté des maires du canton.

Dans les communes qui forment un ou plusieurs

cantons, le sous-préfet est assisté du maire et de ses adjoints.

Dans les villes divisées en plusieurs arrondissements, le préfet ou son délégué est assisté d'un officier municipal de l'arrondissement.

Le tableau est lu à haute voix. Les jeunes gens, leurs parents ou ayants-cause sont entendus dans leurs observations. Le sous-préfet statue après avoir pris l'avis des maires. Le tableau rectifié, s'il y a lieu, et définitivement arrêté, est revêtu de leurs signatures.

Dans les cantons composés de plusieurs communes, l'ordre dans lequel elles sont appelées pour le tirage est, chaque fois, indiqué par le sort.

14. Le sous-préfet inscrit, en tête de la liste de tirage, les noms des jeunes gens qui se trouvent dans les cas prévus par l'article 60 de la présente loi.

Les premiers numéros leur sont attribués de droit.

Ces numéros sont, en conséquence, extraits de l'urne avant l'opération du tirage.

15. Avant de commencer l'opération du tirage, le sous-préfet compte publiquement les numéros et les dépose dans l'urne, après s'être assuré que leur nombre est égal à celui des jeunes gens appelés à y concourir ; il en fait la déclaration à haute voix.

Aussitôt, chacun des jeunes gens appelés dans l'ordre du tableau prend dans l'urne un numéro qui est immédiatement proclamé et inscrit. Les parents des absents ou, à leur défaut, le maire de leur commune tire à leur place.

L'opération du tirage achevée est définitive.

Elle ne peut, sous aucun prétexte, être recommencée, et chacun garde le numéro qu'il a tiré ou qu'on a tiré pour lui.

Les jeunes gens qui ne se trouveraieat pas pourvus de numéros seront inscrits à la suite avec des numéros supplémentaires et tireront entre eux pour déterminer l'ordre suivant lequel ils seronts inscrits.

La liste par ordre de numéros est dressée à mesure que les numéros sont tirés de l'urne. Il y est fait mention des cas et des motifs d'exemption et de dispenses que les jeunes gens ou leurs parents, ou les maires des communes se proposent de faire valoir devant le Conseil de révision mentionné en l'article 27.

Le sous-préfet y ajoute ses observations.

La liste du tirage est ensuite lue, arrêtée et signée de la même manière que le tableau de recensement, et annexée avec ledit tableau au procès-verbal des opérations. Elle est publiée et affichée dans chaque commune du canton.

DEUXIÈME SECTION.

Des exemptions. — Des dispenses et des sursis d'appel.

16. Sont exemptés du service militaire, les jeunes gens que leurs infirmités rendent impropres à tout service actif ou auxiliaire dans l'armée.

17. Sont dispensés du service d'activité en temps de paix :

1° L'aîné d'orphelins de père et de mère ;

2° Le fils unique ou l'aîné des fils, ou à défaut de fils ou de gendre, le petit-fils unique ou l'aîné des petit-fils d'une femme actuellement veuve ou d'une femme dont le mari a été légalement déclaré absent, ou d'un père aveugle ou entré dans sa soixante-dixième année.

Dans les cas prévus par les deux paragraphes précédents, le frère puîné jouira de la dispense, si le frère aîné est aveugle ou atteint de toute autre infirmité incurable qui le rende impotent;

3° Le plus âgé des deux frères appelés à faire partie du même tirage, si le plus jeune est reconnu propre au service;

4° Celui dont un frère sera dans l'armée active ;

5° Celui dont un frère sera mort en activité de

service ou aura été réformé ou admis à la retraite pour blessures reçues dans un service commandé ou pour infirmités contractées dans les armées de terre et de mer.

La dispense accordée, conformément aux paragraphes 4 et 5 ci-dessus, ne sera appliquée qu'à un seul frère pour un même cas, mais elle se répètera dans la même famille autant de fois que les mêmes droits s'y reproduiront.

Le jeune homme omis, qui ne s'est pas présenté par lui ou ses ayants-cause au tirage de la classe à laquelle il appartient, ne peut réclamer le bénéfice des dispenses indiquées par le présent article, si les causes de ces dispenses ne sont survenues que postérieurement à la clôture des listes.

Ces causes de dispenses doivent, pour produire leur effet, exister au jour où le Conseil de révision est appelé à statuer.

Néanmoins, l'appelé ou l'engagé qui, postérieurement, soit à la décision du Conseil de révision, soit au 1er juillet, soit à son incorporation, devient l'aîné d'orphelins de père et de mère, le fils unique ou l'aîné des fils, ou, à défaut de fils et de gendre, le petit-fils unique ou l'aîné des petits-fils d'une femme veuve, d'une femme dont le mari a été légalement déclaré absent, ou d'un père aveugle, est, sur sa demande, et pour le temps qu'il a encore à servir, renvoyé dans ses foyers en disponibilité, à moins qu'en raison de sa présence sous les drapeaux, il n'ait procuré la dispense de service à un frère puîné actuellement vivant.

Le bénéfice de la disposition du paragraphe précédent s'étend au militaire devenu aîné ou petit-fils aîné de septuagénaire, par suite du décès d'un frère.

Les dispenses énoncées au présent article ne sont applicables qu'aux enfants légitimes.

18. Peuvent être ajournés deux années de suite à un nouvel examen, les jeunes gens qui, au moment de la réunion du Conseil de révision, n'ont pas la taille

de un mètre cinquante-quatre centimètres, ou sont reconnus d'une complexion trop faible pour un service armé.

Les jeunes gens ajournés à un nouvel examen du Conseil de révision sont tenus, à moins d'une autorisation spéciale, de se représenter au Conseil de révision du canton devant lequel ils ont comparu.

Après l'examen définitif, ils sont classés, et ceux de ces jeunes gens reconnus propres, soit au service armé, soit à un service auxiliaire, sont soumis, selon la catégorie dans laquelle ils sont placés, à toutes les obligations de la classe à laquelle ils appartiennent.

19. Les élèves de l'Ecole polytechnique et les élèves de l'Ecole forestière sont considérés comme présents sous les drapeaux dans l'armée active pendant tout le temps par eux passé dans les dites Ecoles.

Les lois d'organisation prévues par l'article 45 de la présente loi déterminent pour ceux de ces jeunes gens qui ont satisfait aux examens de sortie, et ne sont pas placés dans les armées de terre ou de mer, les emplois auxquels ils peuvent être appelés, soit dans la disponibilité, soit dans la réserve de l'armée active, soit dans l'armée territoriale, ou dans les services auxiliaires.

Les élèves de l'Ecole polytechnique et de l'Ecole forestière qui ne satisfont pas aux examens de sortie de ces Ecoles, suivent les conditions de la classe de recrutement à laquelle ils appartiennent par leur âge; le temps passé par eux à l'Ecole polytechnique ou à l'Ecole forestière est déduit des années de service déterminées par l'article 36 de la présente loi.

20. Sont, à titre conditionnel, dispensés du service militaire :

1° Les membres de l'instruction publique, les élèves de l'Ecole normale supérieure de Paris, dont l'engagement de se vouer pendant dix ans à la carrière de l'enseignement aura été accepté par le recteur de l'Académie, avant le tirage au sort, et s'ils réalisent cet engagement.

2° Les professeurs des institutions nationales des sourds-muets et des institutions nationales des jeunes aveugles, aux mêmes conditions que les membres de l'instruction publique ;

3° Les artistes qui ont remporté les grands prix de l'Institut, à condition qu'ils passeront à l'Ecole de Rome les années règlementaires et rempliront toutes leurs obligations envers l'Etat ;

4° Les élèves pensionnaires de l'Ecole des langues orientales vivantes et les élèves de l'Ecole des chartes nommés après examen, à condition de passer dix ans tant dans lesdites Ecoles que dans un service public ;

5° Les membres et novices des associations religieuses vouées à l'enseignement et reconnues comme établissements d'utilité publique, et les directeurs, maîtres-adjoints, élèves-maîtres des Ecoles fondées ou entretenues par les associations laïques, lorsqu'elles remplissent les mêmes conditions ; pourvu toutefois que les uns et les autres, avant le tirage au sort, aient pris, devant le recteur de l'Académie, l'engagement de se consacrer pendant dix ans à l'enseignement, et s'ils réalisent cet engagement dans un des établissements de l'association religieuse ou laïque, à condition que cet engagement existe depuis plus de deux ans ou renferme trente élèves au moins.

6° Les jeunes gens qui, sans être compris dans les paragraphes précédents, se trouvent dans les cas prévus par l'article 70 de la loi du 15 mars 1850, et par l'article 18 de la loi du 10 avril 1867, et ont, avant l'époque fixée pour le tirage, contracté devant le recteur le même engagement et aux mêmes conditions.

L'engagement de se vouer pendant dix ans à l'enseignement peut être réalisé par les instituteurs et par les instituteurs-adjoints mentionnés au présent paragraphe 6, tant dans les écoles publiques que dans les écoles libres désignées à cet effet par le Ministre de l'instruction publique, après avis du conseil départemental;

7° Les élèves ecclésiastiques désignés à cet effet par les archevêques et par les évêques, et par les jeunes gens autorisés à continuer leurs études pour se vouer au ministère dans les cultes salariés par l'Etat, sous la condition qu'ils seront assujettis ou auront été dispensés ou, si a vingt-six ans les premiers ne sont pas entrés dans les ordres majeurs, et les seconds n'ont pas reçu la consécration.

21. Les jeunes gens liés au service dans les armées de terre ou de mer en vertu d'un brevet ou d'une commission, et qui cessent leur service;

Les jeunes marins portés sur les registres matricules de l'inscription maritime, conformément aux règles prescrites par les art. 1, 2, 3, 4 et 5 de la loi du 25 octobre 1795 (3 brumaire an IV), qui se font rayer de l'inscription maritime;

Les jeunes gens désignés en l'art. 20 ci-dessus, qui cessent d'être dans une des positions indiquées audit article avant d'avoir accompli les conditions qu'il leur impose, sont tenus:

1° D'en faire la déclaration au maire de la commune dans les deux mois, et de retirer expédition de leur déclaration:

2° D'accomplir dans l'armée active, le service prescrit par la présente loi, et de faire ensuite partie des réserves selon la classe à laquelle ils appartiennent.

Faute par eux de faire la déclaration ci-dessus et de la soumettre au visa du préfet du département dans le délai d'un mois, ils sont passibles des peines portées par l'art. 60 de la même loi

Ils sont rétablis dans la première classe appelée après la cessation de leur service, fonctions ou études. Mais le temps écoulé depuis la cessation de leurs services, fonctions ou études, jusqu'au moment de la déclaration, ne compte pas dans les années de service exigées par la présente loi.

Toutefois, est déduit du nombre d'années pendant lesquelles tout Français fait partie de l'armée active, le temps déjà passé au service de l'Etat, par les maires inscrits et par les jeunes gens liés au service dans les armées de terre et de mer, en vertu d'un brevet ou d'une commission.

22. Peuvent être dispensés à titre provisoire, comme soutiens indispensables de familles, et s'ils en remplissent effectivement les devoirs, les jeunes gens désignés par les conseils municipaux de la commune où ils sont domiciliés.

La liste est présentée au conseil de révision par le maire

Ces dispenses peuvent être accordées par département, jusqu'à concurrence de 4 pour 100 du nombre des jeunes gens reconnus propres au service et compris dans la première partie des listes du recrutement cantonal.

Tous les ans, le maire de chaque commune fait connaître au conseil de révision la situation des jeunes gens qui ont obtenu les dispenses à titre de soutiens de famille pendant les années précédentes.

23. En temps de paix, il peut être accordé des sursis d'appel aux jeunes gens qui, avant le tirage au sort en auront fait la demande.

A cet effet, ils doivent établir que, soit pour leur apprentissage, soit pour les besoins de l'exploitation agricole, industrielle ou commerciale à laquelle ils se livrent pour leur compte ou pour celui de leurs parents, il est indispensable qu'ils ne soient pas enlevés immédiatement à leurs travaux.

Ce sursis d'appel ne confère ni exemption ni dispense.

Il n'est accordé que pour un an et peut être néanmoins renouvelé pour une seconde année.

Le jeune homme qui a obtenu un sursis d'appel

conserve le numéro qui lui est échu lors du tirage au sort, et, à l'expiration de son sursis, il est tenu de satisfaire à toutes les obligations que lui imposait la loi en raison de son numéro.

24. Les demandes de sursis adressées au maire sont instruites par lui ; le Conseil municipal donne son avis. Elles sont remises au conseil de révision et envoyées par duplicata au sous-préfet, qui les transmet au préfet, avec ses observations, et y joint tous les documents nécessaires.

Il peut être accordé, pour tout le département et par chaque classe, des sursis d'appel jusqu'à concurrence de 4 pour 100 du nombre des jeunes gens reconnus propres au service militaire dans ladite classe et compris dans la première partie des listes du recrutement cantonal.

25. Les jeunes gens dispensés du service d'activité en temps de paix, aux termes de l'art. 17 de la présente loi ; les jeunes gens dispensés à titre de soutiens de famille ; ainsi que les jeunes gens auxquels il est accordé des sursis d'appel, sont astreints par un règlement du Ministre de la guerre, à certains exercices.

Quand les causes de dispenses viennent à cesser, ils sont soumis à toutes les obligations de la classe à laquelle ils appartiennent.

26. Les jeunes gens dispensés du service de l'armée active, aux termes de l'art. 17 ci-dessus, les jeunes gens dispensés à titre de soutiens de famille, ainsi que ceux qui ont obtenu des sursis d'appel, sont appelés, en cas de guerre, comme les hommes de leur classe.

L'autorité militaire en dispose alors selon les besoins des différents services.

TROISIÈME SECTION.

Des conseils de révision et des listes de recrutement cantonal.

29. Les opérations de recrutement sont revues,

les réclamations auxquelles ces opérations peuvent donner lieu sont entendues, les causes d'exemptions et de dispenses prévues par les art. 16, 17 et 20 de la présente loi, sont jugées en séance publique par un conseil de révision composé :

Du préfet, président, ou, à son défaut, du secrétaire général ou du conseiller de préfecture délégué par le préfet ;

D'un conseiller de préfecture désigné par le préfet ;

D'un membre du conseil général du département autre que le représentant élu dans le canton où la révision a lieu ;

D'un membre du conseil d'arrondissement également autre que le représentant élu dans le canton où la révision a lieu.

Tous deux désignés par la commission permanente du conseil général, conformément à l'art. 82 de la loi du 10 août 1871 ;

D'un officier général ou supérieur désigné par l'autorité militaire.

Un membre de l'intendance, le commandant de recrutement, un médecin militaire ou, à défaut, un médecin civil désigné par l'autorité militaire assistent aux opérations du conseil de révision. Le membre de l'intendance est entendu dans l'intérêt de la loi toutes les fois qu'il le demande et peut faire consigner ses observations au registre des délibérations.

Le conseil de révision se transporte dans les divers cantons. Toutefois, suivant les localités, le préfet peut exceptionnellement réunir, dans le même lieu, plusieurs cantons pour les opérations du conseil.

Le sous-préfet ou le fonctionnaire par lequel il aura été suppléé pour les opérations du tirage, assiste aux séances que le conseil de révision tient dans son arrondissement.

Il a voix consultative.

Les maires des communes auxquelles appartiennent

les jeunes gens appelés devant le conseil de révision assistent aux séances et peuvent être entendus.

Si par suite d'une absence, le conseil de révision ne se compose que de quatre membres, il peut délibérer, mais la voix du président n'est pas prépondérante. La décision ne peut être prise qu'à la majorité de trois voix ; en cas de partage, elle est ajournée.

28. Les jeunes gens portés sur les tableaux de recensement, ainsi que ceux des classes précédentes qui ont été ajournés, conformément à l'article 18 ci-dessus, sont convoqués, examinés et entendus par le conseil de révision. Ils peuvent alors faire connaître l'arme dans laquelle ils désirent être placés.

S'ils ne se rendent pas à la convocation, ou s'ils ne se font pas représenter, ou s'ils n'obtiennent pas un délai, il est procédé comme s'ils étaient présents.

Dans le cas d'exemption pour infirmités, le conseil ne prononce qu'après avoir entendu le médecin qui assiste au conseil.

Les cas de dispenses sont jugés sur la production de documents authentiques et sur les certificats signés de trois pères de famille domiciliés dans le même canton, dont les fils sont soumis à l'appel ou ont été appelés. Ces certificats doivent, en outre, être signés et approuvés par le maire de la commune du réclamant.

La substitution de numéros peut avoir lieu entre frères, si celui qui se présente comme substituant est reconnu propre au service par le conseil de révision.

29. Lorsque les jeunes gens portés sur les tableaux de recensement ont fait des réclamations dont l'admission ou le rejet dépend de la décision à intervenir sur des questions judiciaires relatives à leur état ou à leurs droits civils, le conseil de révision ajourne sa décision ou ne prend qu'une décision conditionnelle.

Les questions sont jugées contradictoirement avec

le préfet, à la requête de la partie la plus diligente. Les tribunaux statuent sans délai, le ministère public entendu.

30. Hors les cas prévus par l'article précédent, les décisions du conseil de révision sont définitives. Elles peuvent, néanmoins, être attaquées devant le Conseil d'État pour incompétence et excès de pouvoirs.

Elles peuvent aussi être attaquées pour violation de la loi, mais par le Ministre de la guerre seulement et dans l'intérêt de la loi. Toutefois l'annulation profite aux parties lésées.

31. Après que le conseil de révision a statué sur les cas d'exemptions et sur ceux de dispenses, ainsi que sur toutes les réclamations auxquelles les opérations peuvent donner lieu, la liste du recrutement cantonal est définitivement arrêtée et signée par le conseil de révision.

Cette liste, divisée en cinq parties, comprend :

1° Par ordre de numéros de tirage, tous les jeunes gens déclarés propres au service militaire et qui ne doivent pas être classés dans les catégories suivantes ;

2° Tous les jeunes gens dispensés en exécution de l'article 17 de la présente loi ;

3° Tous les jeunes gens conditionnellement dispensés en vertu de l'article 20, ainsi que les jeunes gens liés au service en vertu d'un engagement volontaire, d'un brevet ou d'une commission et les jeunes marins inscrits ;

4° Les jeunes gens qui pour défaut de taille ou pour toute autre cause, ont été dispensés du service dans l'armée active, mais ont été reconnus aptes à faire partie d'un des services auxiliaires de l'armée ;

5° Enfin les jeunes gens qui ont été ajournés à un nouvel examen du conseil de révision ;

32. Quand les listes de recrutement de tous les

cantons du département ont été arrêtées conformément aux prescriptions de l'article précédent, le conseil de révision auquel sont adjoints deux autres membres du conseil général également désignés par la commission permanente et réuni au chef-lieu du département prononce sur les demandes de dispenses pour soutiens de famille, et sur les demandes de sursis d'appel.

QUATRIÈME SECTION.

Du registre matricule.

33. Il est tenu, par département, ou par circonscriptions déterminées dans chaque département, en vertu d'un règlement d'administration publique, un registre matricule, dressé au moyen des listes mentionnées en l'article 31 ci-dessus, et sur lequel sont portés tous les jeunes gens qui n'ont pas été déclarés impropres à tout service militaire ou qui n'ont pas été ajournés à un nouvel examen du conseil de révision.

Ce registre mentionne l'incorporation de chaque homme inscrit, ou la position dans laquelle il est laissé, et successivement tous les changements qui peuvent survenir dans sa situation, jusqu'à ce qu'il passe dans l'armée territoriale.

34. Tout homme inscrit sur le registre matricule, qui change de domicile, est tenu d'en faire la déclaration à la mairie de la commune qu'il quitte et à la mairie du lieu où il vient s'établir.

La mairie de chacune des communes transmet dans les huit jours, copie de ladite déclaration au bureau du registre matricule de la circonscription dans laquelle se trouve la commune.

35. Tout homme inscrit sur le registre matricule, qui entend se fixer en pays étranger, est tenu, dans sa déclaration à la mairie de la commune où il réside, de faire connaître le lieu où il va établir son domicile

et, dès qu'il y est arrivé, d'en prévenir l'agent consu
laire de France. Le maire de la commune transme
dans les huit jours, copie de ladite déclaration au bu
reau du registre matricule de la circonscription dan
laquelle se trouve sa commune.

L'agent consulaire, dans les huit jours de la décla
ration, en envoie copie au Ministre de la guerre.

TITRE II. — Du service militaire.

35. Tout Français qui n'est pas déclaré impropre
tout service militaire fait partie :

De l'armée active pendant cinq ans ;

De la réserve de l'armée active pendant quatre an

De l'armée territoriale pendant cinq ans ;

De la réserve de l'armée territoriale pendant s
ans ;

1° L'armée active est composée, indépendammen
des hommes qui ne se recrutent pas par les appels, d
tous les jeunes gens déclarés propres à un des servic
de l'armée et compris dans les cinq dernières class
appelées ;

2° La réserve de l'armée active est composée d
tous les hommes également déclarés propres à un d
services de l'armée et compris dans les quatre class
appelées immédiatement avant celles qui formen
l'armée active.

3° L'armée territoriale est composée de tous l
hommes qui ont accompli le temps de service prescr
pour l'armée active et la réserve ;

4° La réserve de l'armée territoriale est compos
des hommes qui ont accompli le temps de service pou
cette armée ;

L'armée territoriale et la deuxième réserve so
formées par régions déterminées par un règleme
d'administration publique ; elles comprennent pou
chaque région les hommes ci-dessus désignés aux pa
ragraphes 3° et 4°, et qui sont domiciliés dans la r
gion.

37. L'armée de mer est composée, indépendamment des hommes fournis par l'inscription maritime :

1° Des hommes qui auront été admis à s'engager volontairement ou à se rengager dans les conditions déterminées par un règlement d'administration publique;

2° Des jeunes gens qui, au moment des opérations du conseil de révision, auront demandé à entrer dans un des corps de la marine, et auront été reconnus propres à ce service ;

3° Enfin et à défaut d'un nombre suffisant d'hommes compris dans les deux catégories précédentes du contingent du recrutement affecté par décision du Ministre de la guerre à l'armée de mer.

Ce contingent fourui par chaque canton dans la proportion fixée par ladite décision, est composé des jeunes gens compris dans la première partie de la liste du recrutement cantonal, et auxquels seront échus les premiers numéros sortis au tirage au sort.

Un règlement d'administration publique déterminera les conditions dans lesquelles pourront avoir lieu les permutations entre les jeunes gens affectés à l'armée de mer et ceux de la même classe affectés à l'armée de terre.

Pour les hommes qui ne proviennent pas de l'inscription maritime, le temps de service actif dans l'armée de mer est de cinq ans, et de deux ans dans la réserve.

Ces hommes passent ensuite dans l'armée territoriale.

38. La durée du service compte du 1er juillet de l'année du tirage au sort.

Chaque année, au 30 juin, en temps de paix, les militaires qui ont achevé le temps de service prescrit dans l'armée active, ceux qui ont accompli le temps de service prescrit dans la réserve de l'armée active, ceux qui ont terminé le temps de service prescrit pour l'armée territoriale, enfin ceux qui ont terminé le temps de service pour la réserve de cette année reçoivent un certificat constituant :

Pour les premiers, leur envoi dans la première réserve ;

Pour les seconds, leur envoi dans l'armée territoriale ;

Pour les troisièmes, leur envoi dans la deuxième réserve ;

Et, à l'expiration du temps de service dans cette réserve, les hommes reçoivent un congé définitif.

En temps de guerre, ils reçoivent ces certificats immédiatement après l'arrivée au corps des hommes de la classe destinée à remplacer celle à laquelle ils appartiennent.

Cette dernière disposition est applicable, en tout temps, aux hommes appartenant aux équipages de la flotte en cours de campagne.

39. Tous les jeunes gens de la classe appelée, qui ne sont pas exemptés pour cause d'infirmité, ou ne sont pas dispensés en application des dispositions de la présente loi, ou n'ont point obtenu de sursis d'appel, ou ne sont pas affectés à l'armée de mer, font partie de l'armée active et sont mis à la disposition du Ministre de la guerre.

Ces jeunes soldats sont tous immatriculés dans les divers corps de l'armée et envoyés, soit dans lesdits corps, soit dans des bataillons et écoles d'instruction.

40. Après une année de service des jeunes soldats, dans les conditions indiquées en l'article précédent, ne sont plus maintenus sous les drapeaux que les hommes dont le chiffre est fixé chaque année par le Ministre de la guerre.

Ils sont pris par ordre de numéro sur la première partie de la liste du recrutement de chaque canton et dans la proportion déterminée par la décision du miministre : cette décision est rendue aussitôt après que toutes les opérations du recrutement sont déterminées.

41. Nonobstant les dispositions de l'article précédent, le militaire compris dans la catégorie de ceux ne

devant pas rester sous les drapeaux, mais qui, après l'année de service mentionnée audit article, ne sait pas lire ni écrire, et ne satisfait pas aux examens déterminés par le Ministre de la guerre, peut être maintenu au corps pendant une seconde année.

Le militaire placé dans la même catégorie qui, par l'instruction acquise antérieurement à son entrée au service, et par celle reçue sous les drapeaux, remplit toutes les conditions exigées, peut, après six mois, à des époques fixées par le Ministre de la guerre, et avant l'expiration de l'année, être envoyé en disponibilité dans ses foyers, conformément à l'article suivant.

42. Les jeunes gens qui, après le temps de service prescrit par les articles 40 et 41, ne sont pas maintenus sous les drapeaux, restent en disponibilité de l'armée active dans leurs foyers et à la disposition du Ministre de la guerre.

Ils sont, par un règlement du Ministre, soumis à des revues et à des exercices.

43. Les hommes envoyés dans la réserve de l'armée active restent immatriculés d'après le mode prescrit par la loi d'organisation.

Le rappel de la réserve de l'armée active peut être fait d'une manière distincte et indépendante pour l'armée de terre et pour l'armée de mer ; il peut également être fait par classe, en commençant par la moins ancienne.

Les hommes de la réserve de l'armée active sont assujettis, pendant le temps de service de ladite réserve, à prendre part à deux manœuvres.

La durée de chacune de ces manœuvres, ne peut dépasser quatre semaines.

44. Les hommes en disponibilité de l'armée active et les hommes de la réserve, peuvent se marier sans autorisation.

Les hommes mariés restent soumis aux obligations de service imposées aux classes auxquelles ils appartiennent.

Toutefois, les hommes en disponibilité ou en réserve, qui sont pères de quatre enfants vivants, passent de droit dans l'armée territoriale.

45. Des lois spéciales déterminent les bases de l'organisation de l'armée active et de l'armée territoriale, ainsi que des réserves.

TITRE IV. — Des engagements, des rengagements et des engagements conditionnels d'un an.

PREMIÈRE SECTION.

Des engagements.

46. Tout Français peut être autorisé à contracter un engagement volontaire aux conditions suivantes:

L'engagé volontaire doit :

1° S'il entre dans l'armée de mer, avoir seize ans accomplis, sans être tenu d'avoir la taille prescrite par la loi, mais sous la condition qu'à l'âge de dix-huit ans il ne pourra être reçu s'il n'a pas cette taille;

2° S'il entre dans l'armée de terre, avoir dix-huit ans accomplis et au moins la taille de 1 mètre 54 centimètres ;

3° Savoir lire et écrire ;

4° Jouir de ses droits civils ;

5° N'être ni marié, ni veuf avec enfants;

6° Etre porteur d'un certificat de bonnes vie et mœurs délivré par le maire de la commune de son dernier domicile; et s'il ne compte pas au moins une année de séjour dans cette commune, il doit également produire un autre certificat du maire des communes où il a été domicilié dans le cours de cette année.

Le certificat doit contenir le signalement du jeune homme qui veut s'engager, mentionner la durée du temps pendant lequel il a été domicilié dans la commune et attester :

Qu'il jouit de ses droits civils;

Qu'il n'a jamais été condamné à une peine correctionnelle pour vol, escroquerie, abus de confiance ou attentats aux mœurs.

Si l'engagé à moins de vingt ans, il doit justifier du consentement de ses pères, mère ou tuteur.

Ce dernier doit être autorisé par une délibèration du conseil de famille.

Les conditions relatives, soit à l'aptitude militaire, soit à l'admissibilité dans les différents corps de l'armée, sont déterminées par un décret inséré au *Bulletin des lois*.

47. La durée de l'engagement volontaire est de cinq ans.

Les années de l'engagement volontaire comptent dans la durée du service militaire fixé par l'art. 36 ci-dessus.

En cas de guerre, tout Français qui a accompli le temps de service prescrit pour l'armée active et la réserve de ladite armée, est admis à contracter dans l'armée active un engagement pour la durée de la guerre.

Cet engagement ne donne pas lieu aux dispenses prévues par le paragraphe 4 de l'article 17 de la présente loi.

48. Les hommes qui, après avoir satisfait aux conditions des art. 40 et 41 de la présente loi, vont être renvoyés en disponibilité, peuvent être admis à rester dans ladite armée de manière à compléter cinq années de service.

Les hommes envoyés en disponibilité peuvent être autorisés à compléter cinq années de service sous les drapeaux.

49. Les engagés volontaires, les hommes admis à rester dans l'armée active, ainsi que ceux qui, en disponibilité, ont été autorisés à compléter cinq années de service dans ladite armée, ne peuvent être envoyés en congé sans leur consentement.

50. Les engagements volontaires sont contractés dans les formes prescrites par les articles 34, 35, 36,

37, 38, 39, 40, 42 et 44 du Code civil, devant les maires des chefs-lieux de canton.

Les conditions relatives à la durée des engagements sont insérées dans l'acte même

Les autres conditions sont lues aux contractants avant la signature et mention en est faite à la fin de l'acte, le tout sous peine de nullité.

DEUXIÈME SECTION.

Des rengagements.

51. Des rengagements peuvent être reçus pour deux ans au moins et cinq ans au plus.

Ces rengagements ne peuvent être reçus que pendant le cours de la dernière année de service sous les drapeaux.

Ils sont renouvelables jusqu'à l'âge de 29 ans accomplis pour les caporaux et les soldats, et jusqu'à l'âge de 35 ans accomplis pour les sous-officiers.

Les autres conditions sont déterminées par un règlement inséré au *Bulletin des lois*,

Les rengagements après cinq ans de service sous les drapeaux donnent droit à une haute paye.

52. Les engagements prévus à l'art. 48 de la présente loi et les rengagements sont contractés devant les intendants ou sous-intendants militaires dans la forme prescrite dans l'art. 50 ci-dessus sur la preuve que le contractant peut rester, ou être admis dans le corps pour leqnel il se présente.

TROISIÈME SECTION.

Des engagements conditionnels d'un an.

53. Les jeunes gens qui ont obtenu des diplômes de bacheliers ès-lettres, de bacheliers ès-sciences, des diplômes de fin d'études ou des brevets de capacité institués par les art. 4 et 6 de la loi du 21 juin 1865; ceux qui font partie de l'Ecole centrale des arts et

manufactures, des écoles nationales des arts et métiers, des écoles nationales des beaux-arts, du Conservatoire de musique, les élèves des écoles nationales vétérinaires et des écoles nationales d'agriculture ; les élèves externes de l'école des mines, de l'école des ponts-et-chaussées, de l'école du génie maritime et les élèves de l'école des mineurs de Saint-Etienne, sont admis avant le tirage au sort, lorsqu'ils présentent les certificats d'études émanés des autorités désignées par un règlement inséré au *Bulletin des lois*, à contracter dans l'armée de terre des engagements conditionnels d'un an selon le mode déterminé par ledit règlement.

54. Indépendamment des jeunes gens indiqués en l'article précédent, sont admis, avant le tirage au sort, à contracter un semblable engagement, ceux qui satisfont à un des examens exigés par les différents programmes préparés par le Ministre de la guerre et approuvés par décrets rendus dans la forme des règlements d'administration publique. Ces décrets sont insérés au *Bulletin des lois*.

Le Ministre de la guerre fixe chaque année le nombre des engagements conditionnels d'un an spécifiés au présent article. Ce nombre est réparti par régions déterminées conformément à l'article 35 ci dessus, et proportionnellement au nombre des jeunes inscrits sur les tableaux de recensement de l'année précédente.

Si, au moment où les jeunes gens, mentionnés au présent article et à l'article précédent, se présentent pour contracter un engagement d'un an, ils ne sont pas reconnus propres au service, ils sont ajournés et ne peuvent être incorporés que lorsqu'ils remplissent toutes les conditions voulues.

55. L'engagé volontaire d'un an est habillé, monté, équipé et entretenu à ses frais.

Toutefois, le Ministre de la guerre peut exempter de tout ou partie des obligations déterminées au paragraphe précédent, les jeunes gens qui ont donné dans leur examen des preuves de capacité, et justifient dans les formes prescrites par le règlement, être dans l'impossibilité de subvenir aux frais résultant de ces obligations.

56. L'engagé volontaire d'un an est incorporé et soumis à toutes les obligations de service imposées aux hommes présents sous les drapeaux.

Il est astreint aux examens prescrits par le Ministre de la guerre.

Si, après un an de service, l'engagé volontaire d'un an ne satisfait pas à ces examens, il est obligé de rester une seconde année au service, aux conditions déterminées par le règlement prévu par l'art. 53.

Si, après cette seconde année, l'engagé volontaire ne satisfait pas à ces examens, il est, par décision du Ministre de la guerre, déclaré déchu des avantages réservés aux volontaires d'un an, et il reste soumis aux mêmes obligations que celles imposées aux hommes de la première partie de la classe à laquelle il appartient par son engagement.

Il en est de même pour le volontaire qui, pendant la première ou la seconde année, a commis des fautes graves et répétées contre la discipline.

Dans tous les cas, le temps passé dans le volontariat compte en déduction de la durée du service prescrite par l'art. 36 de la présente loi.

En temps de guerre, l'engagé volontaire d'un an est maintenu au service.

En cas de mobilisation, l'engagé volontaire d'un an marche avec la première partie de la classe à laquelle il appartient par son engagement.

57. Dans l'année qui précède l'appel de leur classe, les jeunes gens mentionnés dans l'article 53, qui n'auraient pas terminé les études de la faculté ou des écoles auxquelles ils appartiennent, mais qui voudraient les achever dans un laps de temps déterminé,

peuvent, tout en contractant l'engagement d'un an, obtenir, de l'autorité militaire, un sursis avant de se rendre au corps pour lequel ils se sont engagés. Le sursis peut leur être accordé jusqu'à l'âge de vingt-quatre ans accomplis.

58. Après que les engagés volontaires d'un an ont satisfait à tous les examens exigés par l'article 56, ils peuvent obtenir des brevets de sous-officiers ou des commissions au moins équivalentes.

Les lois spéciales prévues par l'article 45 déterminent l'emploi de ces jeunes gens, soit dans l'armée active, soit dans la disponibilté, soit dans la réserve de l'armée active, soit dans l'armée territoriale, ou dans les différents services auxquels leurs études les ont plus spécialement destinés,

TITRE V. — **Dispositions pénales.**

59. Tout homme inscrit sur le registre matricule, qui n'a pas fait les déclarations de changement de domicile prescrites par les art. 34 et 35 de la présente loi, est déféré aux tribunaux ordinaires, et puni d'une amende de dix francs à deux cents francs; il peut en outre être condamné à un emprisonnement de quinze jours à trois mois.

En temps de guerre la peine est double.

60. Toutes fraudes ou manœuvres, par suite desquelles un jeune homme a été omis sur les tableaux de recensement ou sur les listes du tirage, sont déférées aux tribunaux ordinaires et punies d'un emprisonnement d'un mois à un an.

Sont déférés aux mêmes tribunaux et punis de la même peine :

1° Les jeunes gens appelés qui, par suite d'un concert frauduleux, se sont abstenus de comparaître devant le conseil de révision ;

2° Les jeunes gens qui, à l'aide de fraudes ou manœuvres, se sont fait exempter ou dispenser par un conseil de révision, sans préjudice des peines plus graves en cas de faux.

Les auteurs ou complices sont punis des mêmes peines.

Si le jeune homme omis a été condamné comme auteur ou complice de fraudes ou manœuvres, les dispositions de l'article 14 lui sont appliquées lors du premier tirage qui a lieu après l'expiration de sa peine.

Le jeune homme indûment exempté ou indûment dispensé est rétabli en tête de la première partie de la classe appelée après qu'il a été reconnu que l'exemption ou la dispense avait été indûment accordée.

61. Tout homme inscrit sur le registre matricule, au domicile duquel un ordre de route a été régulièrement notifié, et qui n'est pas arrivé à sa destination au jour fixé par cet ordre, est, après un mois de délai, et hors le cas de force majeure, puni, comme insoumis, d'un emprisonnement d'un mois à un an en temps de paix et de deux à cinq ans en temps de guerre. Dans ce dernier cas, à l'expiration de sa peine, il est envoyé dans une compagnie de discipline.

En temps de guerre, les noms des insoumis sont affichés dans toutes les communes du canton de leur domicile ; ils restent affichés pendant toute la durée de la guerre.

Ces dispositions sont applicables à tout engagé volontaire qui, sans motifs légitimes, n'est pas arrivé à sa destination dans le délai fixé par sa feuille de route.

En cas d'absence de domicile, et lorsque le lieu de la résidence est inconnu, l'ordre de route est notifié au maire de la commune dans laquelle l'appelé a concouru au tirage.

A l'égard des appelés, le délai d'un mois sera porté :

1° A deux mois, s'ils demeurent en Algérie, dans les îles voisines des contrées limitrophes de la France ou en Europe ;

2° A six mois, s'ils demeurent dans tout autre pays.

L'insoumis est jugé par le conseil de guerre de la division militaire dans laquelle il est arrêté.

Le temps pendant lequel l'engagé volontaire ou l'homme inscrit sur le registre matricule aura été insoumis ne compte pas dans les années de service exigées.

62. Quiconque est reconnu coupable d'avoir recélé ou d'avoir pris à son service un insoumis, est puni d'un emprisonnement qui ne peut excéder six mois. Selon les circonstances, la peine peut être réduite à une amende de 20 à 200 fr.

Quiconque est convaincu d'avoir favorisé l'évasion d'un insoumis, est puni d'un emprisonnement d'un mois à un an.

La même peine est prononcée contre ceux qui, par des manœuvres coupables, ont empêché ou retardé le départ des jeunes soldats.

Si le délit a été commis à l'aide d'un attroupement, la peine sera double.

Si le délinquant est fonctionnaire public, employé du Gouvernement ou ministre d'un culte salarié par l'Etat, la peine peut être portée jusqu'à deux années d'emprisonnement, et il est, en outre, condamné à une amende qui ne pourra excéder 2,000 fr.

63. Tout homme qui est prévenu de s'être rendu impropre au service militaire, soit temporairement, soit d'une manière permanente, dans le but de se soustraire aux obligations imposées par la présente loi, est déféré aux tribunaux, soit sur la demande des conseils de révision, soit d'office, et s'il est reconnu coupable, il est puni d'un emprisonnement de six mois à un an.

Sont également déférés aux tribunaux et punis de la même peine, les jeunes gens qui, dans l'intervalle de la clôture de la liste cantonale à leur mise en activité, se sont rendus coupables du même délit.

A l'expiration de leur peine, les uns et les autre sont mis à la disposition du Ministre de la guerre pour tout le temps du service militaire qu'ils doivent à l'Etat et peuvent être envoyés dans une compagnie de discipline.

La peine portée au présent article est prononcé contre les complices.

Si les complices sont des médecins, chirurgiens, officiers de santé ou pharmaciens, la durée de l'emprisonnement est de deux mois à deux ans, indépendamment d'une amende de deux cents francs qui peu aussi être prononcée, et sans préjudice de peines plu graves dans les cas prévus par le Code pénal.

64. Ne compte pas pour les années de service exigées par la présente loi, le temps pendant lequel un militaire a subi la peine de l'emprisonnement en vertu d'un jugement.

65 Tout fonctionnaire ou officier public, civil o militaire, qui, sous quelque prétexte que ce soit, autorisé ou admis des exemptions, dispenses ou exclusions autres que celles déterminées par la présent loi, ou qui aura donné arbitrairement une extensio quelconque soit à la durée, soit aux règles ou conditions des appels, des engagements ou des rengagements, sera coupable d'abus d'autorité et puni de peines portées dans l'article 185 du Code pénal, san préjudice des peines plus graves prononcées par c Code dans les autres cas qu'il a prévus.

66. Les médecins, chirurgiens ou officiers de sant qui, appelés au conseil de révision à l'effet de donne leur avis conformément aux articles 16, 18, 28, or reçu des dons ou agréé des promesses pour êtr favorables aux jeunes gens qu'ils doivent examine sont punis d'un emprisonnement de deux mois à deu ans.

Cette peine leur est appliquée, soit qu'au momen des dons ou promesses ils aient déjà été désigné pour assister au conseil, soit que les dons ou pro messes aient été agréés dans la prévoyance des fonctions qu'ils auraient à y remplir.

Il leur est défendu, sous la même peine, de rien recevoir, même pour une exemption ou réforme justement prononcée.

67. Les peines prononcées par les articles 68, 62 et 63 sont applicables aux tentatives des délits prévus par ces articles.

Dans le cas prévu par l'article 66, ceux qui ont fait des dons et promesses sont punis des peines portées par ledit article contre les médecins, chirurgiens ou officiers de santé.

68. Dans tous les cas non prévus par les dispositions précédentes, les tribunaux civils et militaires, dans les limites de leur compétence, appliqueront les lois pénales ordinaires aux délits auxquels pourra donner lieu l'exécution du mode de recrutement déterminé par la présente loi.

Dans tous les cas où la peine d'emprisonnement est prononcée par la présente loi, les juges peuvent, suivant les circonstances, user de la faculté exprimée par l'article 463 du Code pénal.

DISPOSITIONS PARTICULIÈRES.

69. Les jeunes gens appelés à faire partie de l'armée, en exécution de la présente loi, outre l'instruction nécessaire à leur service, reçoivent dans leur corps, et suivant leurs grades, l'instruction prescrite par un règlement du Ministre de la guerre.

70. Les Ministres de la guerre et de la marine assureront par des règlements, aux militaires de toutes armes, le temps et la liberté nécessaires à l'accomplissement de leurs devoirs religieux les dimanches et autres jours de fête consacrés par leurs cultes respectifs. Ces règlements seront insérés au *Bulletin des lois*.

71. Tout homme ayant passé sous les drapeaux

douze ans, dont quatre au moins avec le grade de sous-officier reçoit, des chefs de corps, un certificat en vertu duquel il obtient, au fur et à mesure des vacances, un emploi civil ou militaire en rapport avec ses aptitudes ou son instruction.

Une loi spéciale désignera, dans chaque service public, la catégorie des emplois qui seront réservés en totalité, ou dans une proportion déterminée, aux candidats munis du certificat ci-dessus.

72. Nul n'est admis, avant l'âge de trente ans accomplis, à un emploi civil ou militaire s'il ne justifie avoir satisfait aux obligations imposées par la présente loi.

73. Chaque année, avant le 31 mars, il sera rendu compte à l'Assemblée nationale, par le Ministre de la guerre, de l'exécution de la présente loi pendant l'année précédente.

DISPOSITIONS TRANSITOIRES.

74. Les dispositions de la présente loi ne seront appliquées qu'à partir du 1er janvier 1873.

Toutefois, la totalité de la classe de 1872 sera mise à la disposition du Ministre de la guerre ; les jeunes gens de cette classe qui ne feront pas partie du contingent fixé par le Ministre, seront placés dans la réserve de l'armée active, au lieu de l'être dans la garde nationale mobile conformément à la loi du 1er février 1868, et y resteront un temps égal à la durée du service accompli dans l'armée active et dans la réserve par les hommes de la même classe compris dans le contingent. Après quoi les uns et les autres seront placés dans l'armée territoriale, conformément aux dispositions de l'article 36 de la présente loi.

La durée du service pour la classe de 1871 comptera du 1er juillet 1872, conformément aux prescriptions de la loi du 1er février 1868 ; néanmoins pour les jeunes gens de cette classe qui ont devancé l'appel à l'activité, elle comptera du 1er janvier 1871, conformément au décret dn 5 janvier 1871.

75. Les jeunes gens ne faisant pas partie de la classe de 1871, qui voudraient, avant le 1er janvier 1873, profiter des dispositions de l'article 53 et 54 ci-dessus, feront au Ministre de la guerre la demande de contracter un engagement d'un an.

Le règlement prévu par les articles 55 et suivants et les programmes mentionnés en l'article 54 seront publiés avant le 1er novembre prochain ; à partir de cette époque les jeunes gens désignés au 1er § du présent article seront admis, soit à contracter leur engagement, soit à passer les examens exigés.

Les jeunes gens des classes de 1872 et suivantes, actuellement sous les drapeaux, par suite d'engagements volontaires, pourront à partir du 1er janvier 1873, profiter des dispositions des articles 53 et 54.

Le temps passé au service par ces jeunes gens sera, lorsqu'ils auront rempli les obligations déterminées par l'article 56, déduit du temps de service prescrit par l'article 36.

Le temps passé au service par les jeunes gens qui se sont engagés volontairement pour la durée de la guerre sera également déduit du temps de service prescrit par l'article 36.

76. Les jeunes gens des classes de 1867, 1868, 1869 et 1870, appelés en vertu de la loi du 1er février 1868, qui ont été compris dans le contingent de l'armée, seront, à l'expiration de leur service dans la réserve, placés dans l'armée territoriale, conformément aux dispositions de l'article 36 de la présente loi. Les jeunes gens de ces mêmes classes qui n'ont pas été compris dans le contingent de l'armée, et qui font actuellement partie de la garde nationale mobile, seront, à partir du 1er janvier 1873, placés dans la ré-

serve de l'armée, où ils compteront jusqu'à la délibération du service dans la réserve des jeunes gens de la même classe qui ont été compris dans le contingent de l'armée. Ils seront ensuite placés dans l'armée territoriale, conformément aux dispositions de l'article 36 de la présente loi.

77. Les hommes des classes extérieures appelées en vertu de la loi du 31 mars 1832, qu'ils aient été ou non compris dans les contingents fournis par lesdites classes, feront partie de l'armée territoriale et de la réserve de l'armée territoriale, conformément aux dispositions de l'article 36 de la présente loi, jusqu'à ce qu'ils aient atteint l'âge prescrit par ladite loi pour la libération du service dans l'armée territoriale et dans la réserve de l'armée territoriale.

L'état de recensement des hommes compris dans cette catégorie sera établi conformément aux dispositions de l'article 45 de la loi du 1er février 1868. Ils pourront être appelés par classe, en commençant par les moins anciennes.

Un conseil de révision par arrondissement composé ainsi qu'il est dit à l'article 16 de la loi précitée, prononcera sur les cas d'exemptions pour infirmités et défaut de taille qui lui seront soumis.

78. Les jeunes gens qui, au lieu d'être placés ou maintenus dans la garde nationale mobile, feront partie de la réserve, conformément aux dispositions précédentes, seront soumis à des exercices et revues déterminées par un règlement du Ministre de la guerre.

79. L'obligation de savoir lire et écrire pour contracter un engagement volontaire ou pour être envoyé en disponibilité, après une année de service, ne sera imposée qu'à partir du 1er janvier 1875.

80. Toutes les dispositions des lois et décrets antérieurs à la présente loi, relatives au recrutement de l'armée, sont et demeurent abrogées.

Délibéré en séances publiques, à Versailles, les 23 avril, 22 juin et 27 juillet 1872.

Le Président,

Signé : JULES GRÉVY,

Les Secrétaires,

Signé : Vte DE MEAUX, FRANCISQUE RIVE, Mis COSTA DE BEAUREGARD, PAUL DE RÉMUSAT.

Le Président de la République française,

Signé : A. THIERS.

Le Ministre de la guerre,

Signé : Général E. DE CISSEY.

Armée territoriale.

COMPOSITION

L'armée territoriale est composée de tous les hommes qui ont accompli le temps de service prescrit pour l'armée active et la réserve, c'est-à-dire cinq ans dans l'armée active, et quatre dans la réserve de cette armée.

Tout Français qui n'est pas déclaré impropre à tout service militaire, fait partie de l'armée territoriale pendant cinq ans, de 29 à 34 ans ; et de la réserve de l'armée territoriale pendant six ans, de 34 à 40 ans.

Ne peuvent faire partie de l'armée territoriale :

1° Les étrangers ;

2° Les individus qui ont été condamnés à la peine capitale, aux travaux forcés, à la déportation, à la réclusion, au bannissement ou à la dégradation civique, ou qui ont encouru une condamnation à deux ans de prison et au-dessus, avec surveillance de la haute police et interdiction de tout ou partie des droits civiques, civils ou de famille.

Les hommes qui, par leur âge, font partie de l'armée active et qui sont en disponibilité, passent de droit dans l'armée territoriale, s'ils sont pères de quatre enfants vivants.

La réserve de l'armée territoriale est composée des hommes qui ont accompli le temps de service pour cette armée.

L'armée territoriale et la réserve de l'armée territoriale sont formées par régions ; elles comprennent pour chaque région les hommes ci-dessus désignés et qui sont domiciliés dans la région.

Répartition.

Le territoire de la République est divise, pour l'organisation de l'armée territoriale et de sa réserve, en dix-huit régions et en subdivisions de régions.

Chaque région est occupée par un corps d'armée.

Premier corps. — Paris-Nord : Seine et Seine-et-Oise (pour un tiers.)

Deuxième corps — Paris-Sud : Seine et Seine-et-Oise (pour un tiers), Seine-et-Marne, Aube, Yonne, Loiret, 2,247,229 habitants.

Oise, Somme, Aisne, 2,439,671 habitants.

Troisième corps. — Paris-Ouest ou Versailles: Seine et Seine-et-Oise ((pour un tiers), Eure-et-Loir, Eure, Seine-Inférieure, 2,383,931 habitants.

Quatrième corps. — Lille : Nord et Pas-de-Calais, 2,208,992 habitants.

Cinquième corps. — Châlons : Marne, Ardennes, Meuse, Meurthe-et-Moselle, Vosges, 1,749,224 habitants.

Sixième corps. — Besançon : Haute-Marne, Haute-Saône, Belfort, Doubs, Jura, Côte-d'Or, 1,564,460 habitants.

Septième corps. — Moulins ou Nevers : Nièvre, Cher, Allier, Saône-et-Loire, 1,664,465 habitants.

Huitième corps.— Clermont : Puy-de-Dôme, Cantal, Haute-Loire, Loire, 1,657,673 habitants.

Neuvième corps.— Lyon : Rhône, Ain, Haute-Savoie, Savoie, Isère, 2,150,306 habitants.

Dixième corps.— Marseille : Drôme, Hautes-Alpes, Basses-Alpes, Alpes-Maritimes, Corse, Var, Bouches-du-Rhône, Vaucluse, 2,148,310 habitants.

Onzième corps.— Montpellier : Gard, Ardèche, Lozère, Aveyron, Hérault, Aude, Pyrénées-Orientales, 2,246,733 habitants.

Douzième corps.—Toulouse : Tarn, Arriège, Haute-Garonne, Tarn-et-Garonne, Gers, Hautes-Pyrénées, 1,819,861 habitants.

Treizième corps. — Bordeaux : Basses-Pyrénées, Lande, Lot-et-Garonne, Gironde, 1,751,666 habitants.

Quatorzième corps.— La Rochelle : Charente-Inférieure, Charente, Vienne, Deux-Sèvres, Vendée, 1,886,460 habitants.

Quinzième corps.— Limoges : Dordogne, Lot, Corrèze, Creuze, Haute-Vienne, 1,661,401 habitants.

Seizième corps.— Tours : Indre, Loir-et-Cher, Indre-et-Loire, Maine-et-Loire, Loire-Inférieure, 1,984,198 habitants.

Dix-septième corps. — Rennes : Morbihan, Finistère, Côtes-du-Nord, Ille-et-Vilaine, 2,315,142 habitants.

Dix-huitième corps. — Alençon : Mayenne, Manche, Calvados, Orne, Sarthe, 2,194,278 habitants.

Les militaires de tous grades qui composent l'armée territoriale restent dans leurs foyers et ne sont réunis ou appelés à l'activité que sur l'ordre de l'autorité militaire.

La réserve de l'armée territoriale n'est appelée à l'activité qu'en cas d'insuffisance des ressources fournies par l'armée territoriale. Dans ce cas, l'appel se fait par classe et en commençant par la moins ancienne.

La formation des divers corps de l'armée territoriale a lieu :

Par subdivision de région pour l'infanterie;

Sur l'ensemble de la région pour les autres armes.

A cet effet, chaque commandant de bureau de recrutement fait connaître au général commandant la région, par arme, les hommes qui, finissant d'accomplir leur service dans la réserve, sont domiciliés dans la subdivision.

Après que la répartition est faite entre les diverses armes par le général commandant, chaque homme passant dans l'armée territoriale est averti, par le commandant du service de recrutement de la subdivision, du corps dont il doit faire partie. Mention en est faite dans une colonne spéciale sur le certificat qui doit lui être délivré conformément à l'article 38 de la loi du 27 juillet 1872.

Chaque commandant de bureau de recrutement tient le général commandant la région au courant de la situation de l'armée territoriale.

Registre matricule.

Il est tenu par département, ou par conscription déterminée dans chaque département, un registre matricule.

Ce registre mentionne l'incorporation de chaque homme inscrit, ou la position dans laquelle il est laissé, et successivement tous les changements qui peuvent survenir dans sa situation, jusqu'à ce qu'il passe dans l'armée territoriale.

Tout homme, inscrit sur le registre matricule, qui change de domicile, est tenu d'en faire la déclaration à la mairie de la commune qu'il quitte et à la mairie du lieu où il vient s'établir.

Le maire de chacune des communes transmet dans les huit jours copie de ladite déclaration au bureau du registre matricule de la circonscription dans laquelle se trouve la commune.

Tout homme inscrit sur le registre matricule qui entend se fixer en pays étranger, est tenu, dans sa déclaration à la mairie de la commune où il réside, de faire connaître le lieu où il va établir son domicile, et dès qu'il y est arrivé, d'en prévenir l'agent consulaire de France. Le maire de la commune transmet, dans les huit jours, copie de ladite déclaration au bureau du registre matricule de la circonscription dans laquelle se trouve sa commune.

L'agent consulaire, dans les huit jours de la déclaration, en envoie copie au Ministre de la guerre.

Tout homme inscrit sur le registre matricule, qui n'a pas fait les déclarations de changement de domicile prescrites, est déféré aux tribunaux ordinaires et puni d'une amende de 10 fr. à 200 francs; il peut, en outre, être condamné à un emprisonnement de quinze jours à trois mois.

En temps de guerre, la peine est double.

Dans chaque subdivision de région, il y a un ou plusieurs bureaux de recrutement. Dans chaque bureau est tenu le registre matricule prescrit.

Ce bureau est chargé de la tenue des contrôles de l'armée territoriale pour les hommes domiciliés dans la subdivision, et de leur immatriculation dans les divers corps de l'armée territoriale de la région.

COMMANDEMENT.

Dans chaque région, le général commandant le corps d'armée a sous son commandement l'armée territoriale et sa réserve, ainsi que tous les services et établissements militaires qui sont exclusivement affectés à ces forces.

Un officier supérieur est placé à la tête du recrutement de chaque subdivision.

Tous les militaires de l'armée territoriale, qui se trouvent à un titre quelconque dans leurs foyers et sont domiciliés dans la subdivision, relèvent de cet officier supérieur.

Il tient le général commandant le corps d'armée et les chefs de corps de troupes et de différents services au courant de toutes les modifications qui se produisent dans la situation des officiers, sous-officiers et hommes de la disponibilité et de la réserve, et qui sont immatriculés dans les divers corps de la région.

Tous les six mois il est dressé, par le service central du corps d'armée, un état des officiers auxiliaires, sous-officiers et hommes des cadres de la disponibilité et de la réserve, immatriculés dans les divers corps et les divers services de la région, et qui doivent être rappelés immédiatement, en cas de mobilisation, pour porter les cadres au pied de guerre.

Le général commandant transmet cet état au ministre de la guerre et lui fait les propositions nécessaires pour que les cadres complémentaires soient toujours préparés pour la mobilisation.

Magasins.

Chaque région possède des magasins généraux d'approvisionnements dans lesquels se trouvent les armes et munitions, les effets d'habillements, d'armement, de hanarchement, d'équipement et de campement nécessaires aux diverses armes qui entrent dans la composition du corps d'armée.

Chaque subdivision de région possède un ou plusieurs magasins munis des armes et munitions, ainsi que de tous les effets d'habillement, d'armement, de harnachement, d'équipement et de campement nécessaires, et alimentés par les magasins généraux de la région.

Cadres.

L'armée territoriale a, en tous temps, ses cadres constitués.

Les cadres des troupes et des divers services de l'armée territoriale sont recrutés:

1° Pour les officiers et fonctionnaires, parmi les

officiers et fonctionnaires démissionnaires ou en retraite des armées de terre et de mer, parmi les engagés conditionnels d'un an qui ont obtenu des brevets d'officiers auxiliaires ou des commissions équivalentes.

Toutefois, les anciens sous-officiers de réserve et les engagés conditionnels d'un an, munis du brevet de sous-officiers, peuvent, après examen déterminé par le ministre de la guerre, être promus au grade de sous-lieutenant dans l'armée territoriale, au moment où ils passent dans ladite armée;

2° Pour les sous-officiers et employés, parmi les anciens sous-officiers et employés de la réserve et les engagés conditionnels d'un an munis du brevet de sous-officier, et parmi les anciens caporaux et brigadiers présentant les conditions d'aptitude nécessaire.

Les nominations des officiers et des fonctionnaires (colonels, lieutenants-colonels, chefs de bataillon et d'escadron, capitaines, adjudants-majors, lieutenants et sous-lieutenants) sont faites par le Président de la République, sur la proposition du Ministre de la Guerre.

Les nominations des sous-officiers et autres employés (adjudants, sergents-majors, sergents-fourriers, sergents, caporaux, tambours et clairons) sont faites par le général commandant le corps d'armée de la région.

Le général commandant la région propose au Ministre de la Guerre les nominations et mutations qui lui paraissent devoir être faites pour tenir au complet les cadres de ladite armée.

Les élèves de l'*Ecole polytechnique* et les élèves de l'*Ecole forestière* qui ont satisfait aux examens de sortie desdites écoles et ne sont pas placés dans un service public reçoivent un brevet de sous-lieutenant-auxiliaire, ou une commission équivalente au titre auxiliaire, et restent dans l'armée territoriale, pendant le temps durant lequel ils y sont astreints, déduction faite du temps passé par eux dans ces écoles.

Les engagés conditionnels d'un an qui, après l'année de service exigée par la loi, ont satisfait à tous les examens prescrits et ont obtenu des brevets de sous-officier ou d'officier, ou une commission pour un des services de l'armée, lorsqu'ils ont achevé leur temps dans la réserve, passent avec leurs grades dans l'armée territoriale, et y font le temps prescrit par la loi.

Ils sont, à cet effet, d'avance, immatriculés dans les corps ou affectés aux services auxquels ils sont destinés.

Les officiers de la garde nationale mobile qui sont assujettis par leur âge à servir dans la réserve de l'armée active, pourront transitoirement, et à la condition de satisfaire à l'examen, recevoir un brevet de sous-lieutenant dans la réserve de l'armée active. Ils passeront dans l'armée territoriale en même temps que les hommes de la classe à laquelle ils appartiennent.

Les officiers, sous-officiers et soldats de la garde nationale mobile et des corps mobilisés qui, en raison de leur âge, ne sont pas classés dans la réserve de l'armée active, pourront transitoirement, et à la condition de satisfaire à l'examen, être admis dans les cadres de l'armée territoriale.

De nombreuses demandes d'emplois dans l'armée territoriale, formés soit par d'anciens militaires, soit par des officiers de la garde nationale mobile, soit par des officiers licenciés de la garde nationale mobilisée et des corps francs, parviennent au ministère de la guerre.

Le ministre a fait connaître, par une note insérée au *Journal Officiel*, que toutes les demandes de cette nature sont inscrites et classées, et qu'elles seront examinées avec soin, mais seulement après que tout ce qui est relatif à l'organisation da l'armée active aura été réglé. Ce n'est qu'à ce moment que l'on s'occupera de l'armée territoriale.

Il ne sera pas répondu aux demandes qui sont adressées en vue de la constitution de cette armée. En raison de leur multiplicité, il en sera seulement pris note.

Solde.

L'effectif permanent et soldé de l'armée territoriale ne comprend que le personnel nécessaire à l'administration, à la tenue des contrôles, à la comptabilité et à la préparation des mesures qui ont pour objet l'appel à l'activité de ladite armée.

L'armée territoriale, lorsqu'elle est mobilisée, est assimilée à l'armée active pour la solde et prestation de toute nature.

Inscription.

L'année dernière a eu lieu un premier recensement de l'armée territoriale. Il n'était que numérique. Cette année, l'inscription nominative a été faite du 20 mars au 25 avril. Le chiffre des hommes faisant partie de la portion active de cette armée est de 582,523.

Réunion.

Tous les ans, 200,000 hommes de l'armée territoriale seront réunis pour les exercices et manœuvres. Cette réunion aura lieu dans les camps d'instruction et durera quinze jours.

Mobilisation.

En cas de mobilisation, les corps de troupe de l'armée territoriale peuvent être affectés à la garnison des places fortes, aux postes et lignes d'étapes, à la défense des côtes, des points stratégiques; ils peuvent aussi être formés en brigades, divisions et corps d'armée destinés à tenir campagne.

Enfin, ils peuvent être détachés pour faire partie de l'armée active.

L'armée territoriale, lorsqu'elle est mobilisée, est soumise aux lois et règlements qui régissent l'armée active.

Tant que les troupes de l'armée territoriale sont dans la région de leur formation, sans être détachées pour faire partie de l'armée active, elles restent placées sous le commandement des généraux commandant les régions.

Lorsqu'elles sont constituées en divisions et en corps d'armée, elles sont pourvues d'états-majors, de services administratifs sanitaires et auxiliaires spéciaux.

Les officiers de l'armée territoriale sont, pendant la durée de leur présence sous les drapeaux, considérés comme étant en activité ; mais ils ne peuvent se prévaloir des grades qu'il ont occupés ou obtenus pendant ce temps pour être maintenus dans l'armée active.

Toutefois, ceux qui jouissaient d'une pension de retraite peuvent faire réviser leur pension.

Sous le rapport de la médaille militaire, de la croix de la Légion d'honneur obtenues par eux pendant qu'ils sont sous les drapeaux, de même que sous le rapport des pensions pour infirmité et blessures, ils jouissent de tous les droits attribués aux militaires de même grade dans l'armée active.

En cas de mobilisation, et pour la mise sur pied de guerre des forces militaires de la région, le ministre de la guerre transmet, au général commandant le corps d'armée, l'ordre de mobilisation, de tout ou parties des diverses classes de l'armée territoriale.

Aussitôt cet ordre reçu, le général prescrit à chaque officier commandant le bureau de recrutement de la subdivision, de faire connaître immédiatement aux militaires qu'ils aient à se rendre à leurs corps dans le délai fixé par l'ordre de départ.

Le commandant du bureau de recrutement fait remettre à chaque homme appelé l'ordre nominatif et toujours préparé qui lui prescrit de rejoindre.

Tout homme inscrit sur le registre matricule au domicile duquel un ordre de route a été régulièrement modifié, et qui n'est pas arrivé à sa destination au jour fixé par cet ordre, est, après un mois de délai, et hors le cas de force majeure, puni, comme insoumis, d'un emprisonnement d'un mois à un an, en temps de paix, et de deux à cinq ans, en temps de guerre.

En temps de guerre, les noms des insoumis sont affichés dans toutes les communes du canton de leur domicile. Ils restent affichés pendant toute la durée de la guerre.

En cas d'absence du domicile, et lorsque le lieu de la résidence est inconnu, l'ordre de route est notifié au maire de la commune dans laquelle l'appelé a concouru au tirage.

A l'égard des appelés, le délai d'un mois sera porté :

1° A deux mois s'ils demeurent en Algérie, dans les îles voisines des contrées limitrophes de la France ou en Europe ;

2° A six mois, s'ils demeurent dans tout autre pays,

L'insoumis est jugé par le conseil de guerre de la division militaire dans laquelle il est arrêté.

Cours spéciaux.

Les hommes appartenant à des services régulièrement organisés en temps de paix peuvent, en temps de guerre, être formés en corps spéciaux destinés à servir, soit avec l'armée active, soit avec l'armée territoriale.

La formation de ces corps spéciaux est autorisée par décret.

Ces corps sont soumis à toutes les obligations du service militaire, jouissent de tous les droits des belligérants, et sont assujettis aux règles du droit des gens.

Marins.

Les hommes qui ne proviennent pas de l'inscription maritime passent dans l'armée territoriale, après cinq ans de service dans l'armée de mer et deux ans dans la réserve.

Libération.

La durée du service compte du 1er juillet de chaque année.

Chaque année, au 31 juin, en temps de paix, les militaires qui ont accompli le temps de service prescrit dans la réserve de l'armée active, ceux qui ont terminé le temps de service pour la réserve de cette année, reçoivent un certificat constatant:

Pour les premiers, leur envoi dans l'armée territoriale;

Pour les seconds, leur envoi dans la réserve de l'armée territoriale;

Et, à l'expiration du temps de service dans cette réserve, les hommes reçoivent un congé définitif.

En temps de guerre, ils reçoivent ces certificats immédiatement après l'arrivée au corps des hommes de la classe destinée à remplacer celle à laquelle ils appartiennent.

Classes comprises dans l'armée territoriale.

Par une circulaire en date du 13 février 1874, le ministre de la guerre a prescrit aux préfets de procéder, à partir du 20 mars, à la formation dans chaque commune de leurs départements, de l'état de recensement des classes de 1855, 1856, 1857, 1858, 1859, 1860, 1861, 1862, 1863, 1864, 1865 et 1866, appelés à faire partie de l'armée territoriale.

Aux termes de cette circulaire, les maires, pour établir cet état, devaient se servir des listes de tirage des classes sus-désignées, s'assurer que les hommes recensés avaient encore leur domicile dans la commune, et signaler à leurs collègues les hommes ayant changé de domicile.

Dans un grand nombre de départements, ces dernières prescriptions ont été interprétées dans ce sens, que les hommes recensés devaient demeurer exclusivement inscrits sur les tableaux du recensement de leur résidence actuelle, et le ministère de la guerre a dû rectifier cette manière de voir en précisant par des communications spéciales adressées successivement aux autorités, que les hommes devaient être tous portés, d'abord sur les tableaux du lieu où ils avaient concouru au tirage, sauf à être rayés ultérieurement dans le cas où ils auraient transporté ailleurs leur domicile légal.

Cette manière de procéder était la seule qui fournît une base certaine pour des recherches efficaces; mais on craignit les doubles emplois si on n'opérait pas partout d'une manière uniforme pour les radiations à effectuer sur les listes du domicile d'origine.

Aussi, le ministre de la guerre, par une nouvelle circulaire, en date du 4 avril, ordonna-t-il qu'il fût procédé comme suit :

Les maires, après avoir fait le relevé des hommes inscrits sur les listes du tirage des classes de 1855 à 1866, durent signaler à leurs collègues ceux qui avaient transporté leur domicile dans la commune qu'ils administraient ; mais n'opérer la radiation de ces absents sur leurs états de recensement qu'après avoir reçu eux-mêmes un avis de leur inscription au nouveau domicile acquis dans les formes légales.

A cet effet, les maires, après avoir inscrit sur les tableaux de leurs communes les hommes du dehors qui étaient venus y fixer leur domicile, ont dû signaler ceux-ci aux maires des communes où ils avaient concouru au tirage, afin qu'ils y fussent rayés.

Les hommes résidant actuellement à Paris et dans le département de la Seine ayant, dès le principe et en raison des circonstances particulières, été tous inscrits dans le lieu de leur résidence, ont dû être rayés dans leur département d'origine aussitôt que l'avis de leur inscription y a été donné par le préfet de la Seine.

L'opération du recensement effectué n'a eu d'autre but que d'assurer l'exécutien de la loi du 26 juillet 1872 sur le recrutement, par l'inscription des hommes des classes ci-dessus sur les tableaux de recensement de l'armée territoriale, et elle n'implique, qnant à présent, aucune convocation.

Les hommes des classes de 1866 à 1855, qu'ils aient été ou non compris dans les contingents fournis par lesdites classes, ont été invités à se présenter à la mairie de la commune où ils ont leur domicile, pour y faire les déclarations prescrites en vue de la formation de l'armée territoriale.

Pendant le même laps de temps, les intéressés ont été reçus à présenter à la mairie de la commune de leur domicile, les réclamations qu'ils pourraient avoir à formuler devant le conseil de révision qui sera ultérieurement institué.

SERVICE DU

dans l'Armée territoriale

Par les hommes actuellement âgés de 20 *à* 40 *ans.*

CLASSE 1855

(Comprenant les hommes nés en 1835)

Réserve de l'armée territoriale, jusqu'au 30 juin 1876.

CLASSE 1856

(Comprenant les hommes nés en 1836)

Réserve de l'armée territoriale, jusqu'au 30 juin 1877.

CLASSE 1857

(Comprenant les hommes nés en 1837)

Réserve de l'armée territoriale jusqu'au 30 juin 1878.

CLASSE 1858

(Comprenant les hommes nés en 1838)
Réserve de l'armée territoriale, jusqu'au 30 juin 1879.

CLASSE 1859

(Comprenant les hommes nés en 1839)
Réserve de l'armée territoriale, jusqu'au 30 juin 1880.

CLASSE 1860

(Comprenant les hommes nés en 1840
Armée territoriale, jusqu'au 30 juin 1875.
Réserve, du 1er juillet 1875 au 30 juin 1881.

CLASSE 1861

(Comprenant les hommes nés en 1841)
Armée territoriale, jusqu'au 30 juin 1876.
Réserve, du 1er juillet 1876 au 30 juin 1882.

CLASSE 1862

(Comprenant les hommes nés en 1842)
Armée territoriale, jusqu'au 30 juin 1877.
Réserve, du 1er juillet 1877 au 30 juin 1883.

CLASSE 1863

(Comprenant les hommes nés en 1843)
Armée territoriale, jusqu'au 30 juin 1878.
Réserve, du 1er juillet 1878 au 30 juin 1884.

CLASSE 1864.

(Comprenant les hommes nés en 1844)
Armée territoriale, du 1er juillet 1874 au 30 juin 1879.
Réserve, du 1er juillet 1879 au 30 juin 1885.

CLASSE 1865.

(Comprenant les hommes nés en 1845)
Armée territoriale, du 1er juillet 1875 au 30 juin 1880.
Réserve, du 1er juillet 1880 au 30 juin 1886.

CLASSE 1866.

(Comprenant les hommes nés en 1846)
Armée territoriale, du 1er juillet 1876 au 30 juin 1881.
Réserve, du 1er juillet 1881 au 30 juin 1887.

CLASSE 1867.

(Comprenant les hommes nés en 1847)
Armée territoriale, du 1er juillet 1877 au 30 juin 1882.
Réserve, du 1er juillet 1882 au 30 juin 1888.

CLASSE 1868.

(Comprenant les hommes nés en 1848)
Armée territorial du 1er juillet 1878 au 30 juin 1883.
Réserve, du 1er juillet 1883 au 30 juin 1889.

CLASSE 1869

(Comprenant les hommes nés en 1849)
Armée territoriale, du 1er juillet 1879 au 30 juin 1884.
Réserve, du 1er juillet 1884 au 30 juin 1890.

CLASSE 1870.

(Comprenant les hommes nés en 1850)
Armée territoriale, du 1er juillet 1880 au 30 juin 1885.
Réserve, du 1er juillet 1885 au 30 juin 1891.

CLASSE 1871.

(Comprenant les hommes nés en 1851)
Armée territoriale, du 1er juillet 1881 au 30 juin 1886.
Réserve, du 1er juillet 1886 au 30 juin 1892.

Toute la classe de 1871 a été mise à la disposition du ministre de la guerre; les jeunes gens de cette classe qui n'ont pas fait partie du contingent fixé par le ministre ont été placés dans la réserve de l'armée active au lieu de l'être dans la garde nationale mobile et y resteront un temps égal à la durée du service accompli dans l'armée active et dans la réserve par les hommes de la même classe compris dans le contingent.

Après quoi les uns et les autres seront placés dans l'armée territoriale, c'est-à-dire le 1er juillet 1881. Ils passeront dans la réserve de l'armée territoriale le 1er juillet 1886 et seront libérés du service militaire le 30 juin 1892.

Les jeunes gens des classes 1867, 1868, 1869 et 1870, appelés en vertu de la loi du 1er février 1868, qui ont été compris dans le contingent de l'armée, seront, à l'expiration de leur service dans la réserve, placés dans l'armée territoriale.

Les jeunes gens de ces mêmes classes qui n'ont pas été compris dans le contingent de l'armée et qui font actuellement partie de la garde nationale mobile, ont été, à partir du 1er janvier 1873, placés dans la réserve de l'armée, où ils compteront jusqu'à la libération du service dans la réserve des jeunes gens de la même classe qui ont été compris dans le contingent de l'armée.

Ils seront ensuite placés dans l'armée territoriale.

Les hommes des classes antérieures appelés en vertu de la loi du 21 mars 1832, qu'ils aient été ou non compris dans les contingents fournis par lesdites classes, font partie de l'armée territoriale, jusqu'à ce qu'ils aient atteint l'âge prescrit par ladite loi pour la libération du service dans l'armée territoriale et dans la réserve de l'armée territoriale.

Ils pourront être appelés par classe en commençant par les moins anciennes

CLASSE 1872

(Comprenant les hommes nés en 1852)

Armée territoriale, du 1er juillet 1882 au 30 juin 1887

Réserve, du 1er juillet 1887 au 30 juin 1893.

CLASSE 1873

(Comprenant les hommes nés en 1853)

Armée territoriale, du 1er juillet 1883 au 30 juin 1888.

Réserve du 1er juillet 1888 au 30 juin 1894.

CODE CIVIL.

SAISIES.

Saisie. — C'est l'ensemble des actes par lesquels on met les biens d'un débiteur sous la main de la justice, pour le contraindre à remplir ses obligations.

Une saisie peut être pratiquée pendant trente ans, à partir du titre en vertu duquel on l'opère.

557.—Tout créancier peut, en vertu de titres authentiques ou privés, saisir-arrêter entre les mains d'un tiers, les sommes et effets appartenant à son débiteur, ou s'opposer à leur remise.

Saisie-gagerie. C'est un acte conservatoire et d'exécution, par lequel le propriétaire ou principal locataire d'une maison ou d'une ferme fait saisir les objets garnissant la maison louée ou la ferme, et sur lesquels il a un privilége.

626. — La *Saisie-Brandon* ne pourra être faite que dans les six semaines qui précéderont l'époque ordinaire de la maturité des fruits; elle sera précédée d'un commandement avec un jour d'intervalle.

DE LA MITOYENNETÉ

Du mur et du fossé mitoyens.

653. — Dans les villes et les campagnes, tout mur servant de séparation entre les bâtiments jusqu'à l'éberge, ou entre cour et jardin et même entre enclos, dans les champs, est présumé mitoyen s'il n'y a pas marque du contraire.

654. — Il y a marque de non-mitoyenneté, lorsque la sommité du mur est droite et aplomb de son parement d'un côté, et présente de l'autre un côté incliné lors encore qu'il n'y a que d'un côté ou un chaperon, ou des filets et corbeaux de pierre qui auraient été mis en bâtissant le mur; dans ce cas, le mur est censé appartenir exclusivement au propriétaire du côté duquel sont l'égoût, ou les corbeaux, ou les filets de pierre.

655. — La réparation ou la reconstruction du mur mitoyen est à la charge de tous ceux qui y ont droit, et proportionnellement au droit de chacun.

656. — Cependant, tout propriétaire d'un mur mitoyen peut se dispenser de contribuer aux réparations et aux reconstructions en abandonnant le droit de mitoyenneté, pourvu que le mur mitoyen ne soutienne pas un bâtiment qui lui appartienne.

657. — Tout propriétaire peut faire bâtir contre un mur mitoyen et y faire placer des poutres ou des solives dans toute l'épaisseur du mur à cinquante-quatre millimètres (deux pouces) près, sans préjudice du droit qu'a le voisin de faire réduire à l'ébauchoir la poutre jusqu'à la moitié du mur, dans le cas où il voudrait lui-même asseoir des poutres dans le même lieu ou y adosser une cheminée.

658. — Tout co-propriétaire peut faire exhausser le mur mitoyen, mais il doit payer seul la dépense de l'exhaussement, les réparations d'entretien au-dessus de la hauteur de la clôture commune, en outre, l'indemnité de la charge en raison de l'exhaussement et suivant la valeur.

659. — Si le mur mitoyen n'est pas en état de supporter l'exhaussement, celui qui veut le faire exhausser doit le faire reconstruire en entier à ses frais, et l'excédant d'épaisseur doit se prendre de son côté.

660. — Le voisin qui n'a pas contribué à l'exhaussement peut acquérir la mitoyenneté en payant la moitié de la dépense qu'il a coûtée et la valeur de la moitié du sol fourni pour l'excédant d'épaisseur, s'il y en a.

661. — Tout propriétaire joignant au mur, a, de même, la faculté de le rendre mitoyen en tout ou en partie, en remboursant au maître du mur la moitié de sa valeur ou la moitié de la valeur de la portion qu'il veut rendre mitoyenne, et moitié de la valeur du sol sur lequel le mur est bâti.

662. — L'un des voisins ne peut pratiquer dans le corps d'un mur mitoyen aucun enfoncement, ni y appliquer ou appuyer aucun ouvrage sans le consentement de l'autre, ou sans avoir, à son refus, fait régler par experts les moyens nécessaires pour que le nouvel ouvrage ne soit pas nuisible au droit de l'autre.

663. — Chacun peut contraindre son voisin dans les villes et faubourgs, à contribuer aux construction et réparation de la clôture faisant séparation de leurs

maisons, cours et jardins assis ès-dites villes et faubourgs; la hauteur de la clôture sera fixée suivant les règlements particuliers ou les usages constants et reconnus; à défaut d'usages et de règlements, tout mur de séparation entre voisins qui sera construit ou rétabli à l'avenir, doit avoir au moins trente-deux décimètres (dix pieds) de hauteur, compris le chaperon, dans les villes de cinquante mille âmes et au-dessus, et de vingt-six décimètres (six pieds) dans les autres.

664. — Lorsque les différents étages d'une maison appartiennent à divers propriétaires, si les titres des propriétés ne règlent pas le mode de réparation et de construction, elles doivent être faites ainsi qu'il suit : les gros murs et les toits sont à la charge de tous les propriétaires ; chacun en proportion de la valeur de l'étage qui lui appartient. Le propriétaire de chaque étage fait le plancher sur lequel il marche, le propriétaire du premier, fait l'escalier qui y conduit, le propriétaire du second étage fait à partir du premier escalier qui conduit chez lui, et ainsi de suite.

665. — Lorsqu'on reconstruit un mur mitoyen ou une maison, les servitudes actives et passives se continuent à l'égard du nouveau mur ou de la nouvelle maison, sans toutefois qu'elles puissent être aggravées, et pourvu que la reconstruction se fasse avant que la prescription soit acquise.

666. — Tous fossés entre deux héritages sont présumés mitoyens, s'il n'y a titre ou marque du contraire.

667. — Il y a marque de non-mitoyenneté lorsque la levée ou le rejet de la terre se trouve d'un côté seulement du fossé.

668. — Le fossé est censé appartenir exclusivement à celui du côté duquel le rejet se trouve.

669. — Le fossé mitoyen doit être entretenu à frais communs.

670. — Toutes haies qui séparent les héritages sont réputées mitoyennes, à moins qu'il n'y ait qu'un seul

des héritages en état de clôture, ou s'il n'y a titre ou possession suffisante du contraire.

671. — Il n'est permis de planter les arbres de haute tige qu'à la distance prescrite par les règlements particuliers actuellement existants, ou par les usages constants et reconnus, et à défaut de règlements et usages, qu'à la distance de deux mètres de la ligne séparative des deux héritages pour les arbres à haute tige, et à la distance d'un demi-mètre pour les autres arbres ou haies vives.

672.— Le voisin peut exiger que les arbres et haies plantés à une moindre distance soient arrachées ; celui sur la propriété duquel avancent les branches des arbres du voisin peut contraindre celui-ci à couper les branches ; si ce sont les racines qui avancent sur son héritage, il a le droit de les y couper lui-même.

673.— Les arbres qui se trouvent dans la haie mitoyenne sont mitoyens comme la haie, et chacun des deux propriétaires a le droit de requérir qu'ils soient abattus

DE LA DISTANCE DES PROPRIÉTÉS ET DES OUVRAGES.

Intermédiaires requis pour certaines constructions.

674.— Celui qui fait creuser un puits ou une fosse d'aisance près d'un mur mitoyen ou non ; celui qui veut y construire une cheminée ou âtre, forge, four ou fourneau, y adosser une table, ou établir contre ce mur un magasin de sel ou amas de matières corrosives, est obligé à laisser la distance prescrite par les règlements et usages pour éviter de nuire aux voisins.

DES VUES SUR LA PROPRIÉTÉ DE SON VOISIN.

675.— L'un des voisins ne peut, sans le consentement de l'autre, pratiquer dans le mur mitoyen aucune fenêtre ou ouverture, en quelque manière que ce soit, même à verre dormant.

676.— Le propriétaire d'un mur non-mitoyen joignant immédiatement l'héritage d'autrui, peut pratiquer dans ce mur des jours ou des fenêtres à fers maillés, ou verre dormant; ces fenêtres doivent être garnies d'un treillis de fer dont les mailles auront un décimètre (environ trois pouces — huit lignes) d'ouverture au plus, et un chassis à verre dormant.

677. Ces fenêtres ou jours ne peuvent être établis qu'à vingt-six décimètres (huit pieds) au-dessus du plancher du sol de la chambre que l'on veut éclairer, si c'est au rez-de-chaussée, et à dix-neuf décimètres (six pieds) au-dessus du plancher, pour les étages supérieurs.

678. — On ne peut avoir des vues droites ou fenêtres d'aspect, ni balcons ou autres semblables saillies sur l'héritage de son voisin, s'il n'y a dix-neuf décimètres (six pieds) de distance entre le mur où on les pratique et ledit héritage.

679. — On ne peut avoir des vues par côtés ou obliques sur le même héritage, s'il n'y a six décimètres (deux pieds) de distance.

680. — La distance dont il est parlé dans les deux articles précédents, se compte depuis le parement extérieur du mur où l'ouverture se fait, et s'il y a balcon ou autres semblables saillies, depuis leur ligne extérieure jusqu'à la ligne de séparation des deux propriétés.

DE L'ÉGOUT DES TOITS

681. — Tout propriétaire doit établir des toits de manière que les eaux pluviales s'écoulent sur son terrain ou sur la voie publique; il ne peut les faire verser sur le fonds de son voisin.

DU DROIT DE PASSAGE.

682. — Le propriétaire dont le fonds est enclavé et qui n'a aucune issue sur la voie publique, peut réclamer un passage sur les fonds de ses voisins, pour l'exploitation de son héritage, à la charge d'une in-

demnité proportionnelle au dommage qu'il peut occasionner.

683. — Le passage doit régulièrement être pris du côté où le trajet est le plus court, du fonds enclavé à la voie publique.

684. — Néanmoins, il doit être fixé dans l'endroit le moins dommageable à celui sur les fonds duquel il est accordé.

685. — L'action en indemnité dans le cas prévu par l'art. 682 est prescriptible, et le passage doit être continué, quoique l'action en indemnité ne soit pas recevable.

Tarif des frais d'actes de l'Etat-Civil.

Expéditions des actes de naissance, de décès, de publications de mariage, dans les communes au-dessous de 50,000 âmes :

Salaire, 30 c.; papier timbré, 1 fr. 80 c. ; en tout 2 fr. 10.

Les mêmes expéditions dans les communes au-dessus de 50,000 âmes:

Salaire, 50 c.; papier timbré, 1 fr. 80 c. ; en tout, 2 fr. 30;

A Paris, salaire, 75 c., timbre, 1 fr. 80 c. ; en tout, 2 fr. 55 c.

Expéditions des actes de mariage, d'adoption, dans les communes au-dessous de 50,000 âmes:

Salaire, 60 c. ; timbre 1 fr. 80 c.; en tout, 2 fr. 40 c.

Les mêmes expéditions, dans les communes au-dessus de 50,000 âmes:

Salaire, 1 fr.; timbre 1 fr. 80 c.; en tout 2 fr. 80 c.

A Paris, salaire, 1 fr. 50 c.; timbre, 1 fr. 80.; en tout, 3 fr. 30.

DROIT DE VENTE, D'ÉCHANGE, DE PARTAGE.

Soultes, baux à rentes perpétuelles et autres articles ci-désignés à payer à l'enregistrement (acte sous signature privée).

Si l'on a acheté pour 100 francs de biens immeubles, il est dû 6 fr. 65 c. pour 100 francs de droit d'enregistrement.

Si l'on a échangé une pièce de terre estimée 100 fr. de revenu, il est dû 3 francs pour 100 francs, droit d'enregistrement.

Pour un partage, entre les enfants, de biens provenant de leur père et mère, il est dû 1 fr. 10 pour 100 francs.

Pour soulte entre les parents, il est dû 1 fr. 10 c.

Location d'un lot de terre, les contributions à la charge du bailleur, 25 c. par 100 fr.

Baux de biens immeubles pour un temps limité, 25 c. par 100 fr., droit d'enregistrement.

Baux à rente perpétuelle de biens immeubles, ceux à vie, ceux dont le temps est illimité, 4 fr. 50 c.

Baux à rente d'animaux, à cheptel, convention pour nourriture des personnes, lorsque la durée est illimitée, 1 fr. 20 c. par 109 fr.

Pour une obligation, on doit payer 1 fr. 20.

Quittance devant notaire pour une personne qui ne sait signer, 60 c. par 100 fr.

DES NOTAIRES.

Pour actes de ventes, pour enchères et adjudications, pour contrat de mariage, à Paris, ils ont droit à 1 pour 100, quand le montant ne s'élève pas à 10,000 fr.; à partir de 10,000 fr. jusqu'à 50,000 fr., 1/2 pour 100 ; depuis 50,000 fr. jusqu'à 100,000 fr., 1/4 pour 100, dans les villes de Lyon, Marseille, Bordeaux, Rouen et Lille, mêmes droits qu'à Paris ; dans les villes de 30,000 âmes, réduction de 1/10 sur les honoraires et de 1/5 dans les autres localités ; il faut payer en plus l'enregistrement, les frais d'inscription et ceux qu'entraîne la purge des hypothèques pour vente d'immeubles ; les contrats de mariage, sont sujets à un droit d'enregistrement fixé à 6 fr. (décimes compris) pour l'apport personnel des époux, et à un droit proportionnel pour les donations qui leur sont faites; pour testament, à Paris, 15 fr.; cour d'appel, 14 fr.; tribunal de première instance, 12 fr.; ailleurs, 10 fr.

POUR UNE VENTE DE 15,000 FRANCS.

1° Au notaire, 80 c. p. 100, pour dresser la la minute et fournir l'expédition. . . .	120	»
2° Vacation pour faire la quittance, environ	4	»
3° Pour enregistrer la quittance.	75	»
4° Pour l'enregistrement de l'acte de vente	825	»
5° Pour le bordereau d'inscription.	3	»
6° Pour le timbre du registre, 1 fr. par rôle.	4	»
7° Pour le montant de la créance, 1 fr. par mille.	15	»
8° Pour timbre du registre de dépôt, 6 c. par case.	1	»
9° Pour timbre de la reconnaissance	»	70
10° Pour salaire du conservateur, 1 fr. par mille	15	»
Total	1062	70

Quant à la purge légale, chacun peut la faire soi-même ; il suffit de déposer au greffe du tribunal civil copie latérale de l'acte d'acquisition (art. 2194 du Code civil); le greffier donne acte de dépôt, lequel énonce les conditions principales de l'acquisition ; cet acte est signifié aussitôt par un huissier au procureur de la République, à la femme du vendeur et au subrogétuteur, s'il y a des mineurs. Il doit contenir l'indication des anciens propriétaires connus ; extrait de cet exploit est inséré dans le journal, et deux mois après, la purge est opérée, moyennant un certificat délivré par le conservateur des hypothèques. Ces certificats établissent la position définitive des immeubles acquis.

Cela peut coûter :

1° Pour copie collationnée et qu'on pourrait faire soi-même.— Pour mémoire. . . .	1 40
2° Pour acte de dépôt	13 85
3° Pour exploit d'huissier.	7 50
4° Pour inscription au journal (20 à 25 lignes) à 20 c. la ligne.	5 »
Total	27 75

VENTE D'UNE MAISON.

Par devant Me N*** et son collègue, notaires à Amiens, département de la Somme.

A comparu

M. C...., propriétaire, demeurant à Amiens.

Lequel a, par ces présents, vendu et s'est obligé de garantir de tous troubles, privilèges, hypothèques. donations, évictions et autres empêchements quelconques.

A M. B..., négociant, demeurant à Amiens, à ce présent et acceptant, acquéreur pour lui et les ayant cause :

Une maison, située à Amiens, ayant son entrée par une porte cochère, et consistant en une cour, puits, deux corps de logis: le premier sur la rue, composé de caves, rez-de-chaussée, quatre étages et greniers au-dessus ; le second, au fond de la cour, et élevé de trois étages ;

Ainsi qu'elle se poursuit et se comporte sans en rien excepter ni réserver, et dont il n'a pas fait une plus longue désignation à la réquisition de l'acquéreur, qui a déclaré la connaître suffisamment pour l'avoir visitée.

Cette maison appartient au sieur D..., comme l'ayant recueillie dans la succession du sieur Jacques D..., son père, qui l'avait fait construire lui-même.

Pour, le sieur B..., faire et disposer de la maison présentement vendue comme lui appartenant en toute propriété, à compter de ce jour, et en jouir par la perception des revenus, à compter du 1er mai prochain.

La présente vente est faite aux charges et conditions suivantes, que le sieur B..., s'oblige d'exécuter, savoir :

1° De prendre la maison présentement vendue dans l'état où elle se trouve ;

2° D'acquitter, à compter du 1er mai prochain, les contributions de toute nature auxquelles cette maison est et pourra être imposée ;

3° De supporter toutes les servitudes passives, apparentes ou ocultes, dont la maison peut être tenue, attendu qu'il aura droit à celles actives, le tout à ses risques et périls ;

4° De payer les honoraires des présentes, ainsi que les droits et déboursés auxquels elles donneront ouverture ;

5° Et, en outre, cette vente est faite moyennant la somme de 120,000 francs de prix principal, que le sieur B..., s'oblige de payer au sieur C..., en sa demeure à Amiens, aussitôt l'accomplissement des formalités de purge des hypothèques, et dans cinq mois au plus tard, à compter de ce jour, avec les intérêts à raison de 5 p. 100 par an sans retenue, à compter du 1er mai prochain.

A la garantie du paiement de ce prix, en principal et intérêts, la maison présentement vendue demeure affectée, obligée et hypothéquée par privilége expressément réservé au vendeur.

Sous la réserve de ce privilége, le sieur C..., se dessaisit en faveur du sieur B..., et il le subroge dans l'effet de tous ses droits de propriété sur la maison présentement vendue.

Le sieur D., d'ici à cinq mois, pour tout délai, fera transcrire une expédition des présentes au bureau des hypothèques d'Amiens et remplira toutes les formalités nécessaires pour purger son acquisition des hypothèques, tant inscrites que égales, qui peuvent la grever, et si, pendant l'accomplissement de ces formalités, il y a ou survient des inscriptions provenant du fait du vendeur ou de celui de ses auteurs, le vendeur s'oblige d'en rapporter le certificat de radiation dans les deux mois de la dénonciation que l'acquéreur lui en fera faire à son domicile ci-après élu et de le garantir et indemniser de tous frais extraordinaires de purge, ainsi que de toutes surenchères et frais d'ordre.

Modèle de bail sous signature privée.

Entre nous soussignés (noms, prénoms) d'une part,
Et le sieur (noms, prénoms) d'autre part ;
Avons arrêté et convenu ce qui suit, savoir :

Le sieur Benoist propriétaire, à Amiens, a, par ces présentes, donné à titre de bail une pièce de terre labourable pour 3, 6 ou 9 années consécutives (au choix du bailleur) qui commenceront le 1er du mois de janvier an mil huit cent soixante-quinze pendant lequel temps il promet de laisser jouir paisiblement le sieur Duval présent et acceptant à ce titre pour lui, ses héritiers ou ayants-droits, pendant le temps susénoncé, moyennant la somme de cent francs qu'il s'engage à payer, tous les ans, le premier du mois de mai ; faute de paiement dudit prix, trois ou six mois après le terme échu, le présent bail demeurera nul et résilié si bon semble au bailleur, lequel alors pourra disposer de la jouissance des biens; cette propriété est sise, etc., etc.

Fait double et de bonne foi en présence de qui ont signé avec nous après lecture.

Sous-location (droit de)

Art. 1717 du Code civil.

Le preneur a droit de sous-louer, et même de céder son bail à un autre, si cette faculté ne lui est pas interdite.

Elle peut être interdite pour le tout ou partie.

Cette clause est toujours de rigueur.

Notions usuelles.

Les actes sous seing privé doivent être enregistrés dans les trois mois qui suivent leur date.

Le papier timbré qui a servi pour un commencement d'acte ne peut servir pour un autre acte.

L'empreinte du timbre ne peut être couverte d'écriture.

Les actes synallagmatiques ne sont valables que tout autant qu'ils sont faits en autant d'originaux qu'il y a de personnes contractantes.

TABLEAU DES DROITS A PAYER.

Pour donations entre vifs, hors contrat et par contrat de mariage, pour 100 francs.

	HORS CONTRAT.		PAR CONTRAT.	
1re DIVISION.	Meubles	immeub.	Meubles.	immeub.
Donation du père au fils et du fils au père	1 25	2 75	2 50	4 »
2e DIVISION. Entre époux.	2 50	3 »	3 »	4 50
3e DIVISION. Entre frères et sœurs, oncles, tantes, neveux et nièces.	4 50	4 50	6 50	6 50
4e DIVISION. Entre grands-oncles et grand'tantes, petits neveux et petites nièces. . Entre cousins germains	3 50	5 »	7 »	7 »
5e DIVISION. Entre parents au delà du quatrième degré jusqu'au douzième degré.	5 50	5 50	8 »	8 »
6e DIVISION. Entre personnes non parentes . .	6 »	6 »	9 »	9 »

DROITS DE MUTATION PAR DÉCÈS.

Dûs par les héritiers, les légataires et les donateurs.

La déclaration des mutations doit être faite dans les six mois après le décès, sous peine d'avoir à payer un demi-droit en sus pour retard, ou le double pour déclaration insuffisante. Savoir :

En ligne directe, c'est-à-dire du père au fils ou du fils au père, les meubles et les immeubles paient 1 fr. pour 100 fr, décimes non-compris.

De l'époux à l'épouse, les meubles et les immeubles paient 3 fr., décimes non compris.

En ligne collatérale, c'est-à-dire du frère au frère et d'oncle à neveu, les meubles et les immeubles paient 6 fr. 50 pour 100 fr., décimes non compris.

De grand-oncle à petit neveu, de cousin-germain à cousin-germain, les meubles et les immeubles paient 7 fr. 50 pour 100 fr., décimes non compris.

De parents au-delà du quatrième degré jusqu'au douzième degré, les meubles et les immeubles paient 9 fr. pour 100 fr., décimes non compris.

D'étrangers à étrangers, les meubles et les immeubles paient 9 fr., décimes non compris.

DROITS ET DEVOIRS RESPECTIFS DES ÉPOUX.

Les époux se doivent mutuellement fidélité, secours et assistance. Le mari doit protection à sa femme, et la femme obéissance à son mari ; dans l'intérêt de la société conjugale, l'un des époux doit être subordonné à l'autre, et ce rôle d'infériorité et d'obéissance, la nature l'a infligé à la femme ; de ces devoirs respectifs de protection et d'obéissance, il suit que la femme n'a pas d'autre domicile que celui de son mari, et qu'elle est obligée de le suivre partout où il jugera convenable de résider, si elle s'y refuse, le mari peut l'y contraindre, lui refuser le nécessaire et faire saisir ses revenus. Sous quelque régime que la femme soit mariée, elle ne peut participer à aucun acte, soit judiciaire, soit commercial, sans l'autorisation spéciale de son mari ; elle est empêchée, à plus forte raison, de contracter, aliéner, hypothéquer, acquérir, à titre gratuit ou onéreux, sans l'autorisation de la justice, si le mari a refusé la sienne, ou s'il est mineur. Elle peut, sans y être autorisée, faire des dispositions testamentaires, contracter des obligations pour son négoce si elle est marchande publique, disposer de son mobilier, recevoir ses revenus, et donner décharge et procéder à des actes d'administration de biens. La société conjugale ne finit que par la mort de l'un des époux, ou par sa condamnation devenue définitive, à peine qui comporte la mort civile.

ÉMANCIPATION D'UN MINEUR.

L'émancipation est un acte qui confère à un mineur le droit de gouverner sa personne et ses biens, en ce qui ne comporte que des actes de simple administration.

Le mineur est émancipé de plein droit par le mariage, sans autre formalité.

Dans tous les autres cas, l'émancipation est conférée par la seule déclaration du père, ou à défaut de père, par celle de la mère devant le juge de paix, assisté de son greffier, lorsque le mineur a quinze ans révolus.

Après l'émancipation, le compte de tutelle est rendu, s'il y a lieu, au mineur assisté de son curateur.

Le mineur émancipé peut quitter la maison paternelle ou celle de son tuteur.

Cependant, jusqu'à vingt ans accomplis, il ne peut s'engager dans l'armée sans consentement.

Il administre ses biens et acquiert la libre disposition de ses revenus, mais il ne peut intenter une action immobilière en justice, ni y défendre, ni même recevoir un capital mobilier sans l'assistance d'un curateur, qui lui est donné par le conseil de famille et qui doit surveiller l'emploi des capitaux seuls.

A l'égard des obligations que le mineur émancipé aurait contractées par voie d'achat ou autrement, elles sont réductibles de la part des tribunaux, lorsqu'il y a excès.

Quant à tous les autres actes qui excèdent aussi les

limites d'une simple administration, ils sont assimilés au mineur non émancipé.

L'émancipation fait cesser l'usufruit légal.

Le coût d'un acte d'émancipation est de 28 fr. 70 c. droit fixe.

ABUS DE CONFIANCE A L'ENCONTRE D'UN MINEUR.

Art. 406 du Code pénal.

Quiconque aura abusé des besoins, des faiblesses, ou des passions d'un mineur, pour lui faire souscrire, à son préjudice, des obligations, quittances ou décharges, pour prêt d'argent ou de choses mobilières, ou d'effets de commerce, ou de tous autres effets obligatoires, sous quelque forme que cette négociation ait été faite ou déguisée, sera puni d'un emprisonnement de deux mois au moins, de deux ans au plus, et d'une amende qui ne pourra excéder le quart des restitutions et dommages-intérêts qui seront dûs aux parties lésées ni être moindre de 25 fr.

Toute action du mineur contre son tuteur, relativement aux frais de tutelle, se prescrit par dix ans, à compter de la majorité.

MODÈLE DU TESTAMENT OLOGRAPHE.

Ceci est mon testament écrit et signé de ma main.

Moi Pierre   propriétaire, demeurant à   donne et lègue à ma femme Joséphine   à partir du jour de mon décès, tous les biens meubles et immeubles dont il m'est permis de disposer selon la loi; je donne et lègue à mon neveu et filleul Isidore   une pendule estimée 1,500 fr.; à ma nièce Adélaïde, de Bapaume, ma montre; à tel, etc., etc. Je nomme pour mon exécuteur testamentaire Hippolyte   mon ami, auquel je donne 500 fr. Mes légataires entreront en jouissance de ce que je leur donne, trois mois après ma mort. Et je révoque tout autre testament antérieur à celui-ci qui contient mes dernières volontés.

Fait à   le

Modèle de procuration.

Je soussigné, Pierre-Louis, demeurant à rue de n° déclare donner, par ces présentes, pouvoirs au sieur Julien cultivateur, demeurant à de recevoir, pour moi et en mon nom, de Jean-Baptiste, la somme de ou de

Mon mandataire donnera décharge au débiteur, ou à défaut de paiement fera contre lui, en mon lieu et place, toutes les poursuites de rigueur qu'il croira nécessaires devant les tribunaux de paix et de première instance, pour le recouvrement de ladite somme (ou mettre à exécution les jugements déjà obtenus), promettant de ratifier tout ce qu'il aura fait en vue de mes intérêts.

Donné à le

Demande en réduction de contribution mobilière.

A Monsieur le Préfet du département de

Monsieur le Préfet,

Le sieur O... a l'honneur de vous exposer qu'il a été taxé à la somme de..... pour sa contribution mobilière de l'an.... que la maison qui a servi de base pour cet impôt a sans doute été évaluée à un revenu beaucoup plus considérable que celui qu'elle produit réellement....

Pourquoi il vous demande que, d'après une nouvelle évaluation, il lui soit accordé une réduction qui rétablisse sa taxe de contribution mobilière autant qu'elle doit être.

Il attend cette faveur de votre équité, et vous salue respectueusement.

Plainte a un magistrat.

Monsieur le de la ville de département du

Le sieur François, propriétaire, demeurant à expose que la nuit dernière des malfaiteurs se sont introduits chez lui, à l'aide de fausses clefs, dans sa maison, qu'ils lui ont pris Il soupçonne être les auteurs du crime les nommés tous deux mal famés et dont les moyens d'existence sont peu connus ; ils ont été vus vers telle heure rôder autour des lieux par les nommés Pourquoi ledit sieur François vous demande acte de ladite plainte, et vous prie d'ordonner de suite des recherches et perquisitions nécessaires à l'effet de recouvrer les objets qui lui ont été volés et vous feriez justice.

Il a l'honneur d'être, etc.

POUR SE PLAINDRE D'UN FONCTIONNAIRE PUBLIC.

A Monsieur le Procureur de la République.

Monsieur le Procureur,

Le sieur Baxincourt, notaire à ou le sieur Bracart, avoué ou huissier à exige de moi pour la taxe de (pour telle et telle chose qu'il faut désigner) la somme de Comme cette somme exigée constitue une véritable concussion, d'après les règlements sur la taxe des frais de justice, et qu'il entre dans les attributions de votre ministère de réprimer de pareils abus, j'ai recours à votre autorité pour les faire cesser à mon égard, en requérant que cet officier ministériel soit tenu de se conformer aux règlements sur la taxe de ses honoraires.

J'attends de votre zèle et de votre impartialité que vous me fassiez obtenir cette justice, et suis avec respect, Monsieur le Procureur,

(Votre, etc., etc.)

DES PRIVILÉGES PAR ORDRE ENTRE CRÉANCIERS.

Le privilége est un droit qui, d'après la qualité de la créance, fait qu'on est préféré aux autres créanciers même hypothécaires.

Les priviléges peuvent être sur les meubles et les immeubles.

Les créances privilégiées sur les meubles s'exercent dans l'ordre suivant :

1° Les frais de justice ;

2° Les frais de la dernière maladie et les frais funéraires ;

3° Les salaires des domestiques, de l'année échue et de l'année courante ;

4° Les fournitures faites par les boulangers, bouchers et autres qui ont vendu des denrées pour la subsistance du débiteur depuis six mois ;

5° Les marchands en gros peuvent réclamer leurs fournitures faites depuis un an ;

Les sommes dues pour fournitures d'ustensiles de métiers sont payées au fournisseur lors de la vente, de préférence au propriétaire pour loyer.

6° Le propriétaire a privilége sur les meubles des locataires garnissant sa maison ; mais le prix des effets mobiliers non payés donnent privilége au vendeur, s'il est prouvé que le propriétaire avait connaissance que les meubles n'étaient pas payés ;

7° Les sommes dues pour semences, pour frais de récoltes, pour fournitures d'ustensiles de labour, sont payées de préférence aux sommes dues pour fermage. Le propriétaire a privilége sur les récoltes de l'année, sur tous les meubles et sur tout ce qui sert à l'exploitation de la ferme.

Le vendeur d'effets mobiliers peut les revendiquer dans la huitaine, tant qu'ils sont en la possession de l'acheteur s'il a eu soin de prévenir le propriétaire du crédit qu'il a fait au locataire. C'est une grande erreur que de penser qu'on peut s'approprier, au bout d'un an et un jour, l'objet qui nous reste en gage pour une somme qui nous est due.

Les ouvriers qui ont préparé un objet mobilier, qui est resté entre leurs mains, ont sûrement privilége sur ledit objet pour le paiement de ce qui leur est dû ; mais l'ouvrier ne peut en disposer qu'après s'être fait ordonner en justice que cet objet lui demeurera en paiement jusqu'à concurrence de ce qui lui est dû.

DES VICES RÉDHIBITOIRES.

Pour le cheval, l'âne et le mulet.

La fluxion périodique des yeux, l'épilepsie ou le mal caduc, la morve, le farcin, les maladies anciennes de poitrine ou vieilles courbatures, l'immobilité, la pousse, le carnage chronique, le tic sans usure de dents, les hernies inguinales, intermittentes, la boiterie intermittente pour cause de vieux mal.

Pour l'espèce bovine.

La phthisie pulmonaire ou pommelière, l'épilepsie du mal caduc.

Les suites de la non-délivrance.

Le renversement du vagin et de l'utérus, après le départ chez le vendeur.

Pour l'espèce ovine.

La clavelée, cette maladie reconnue chez un seul animal entraînera la rédhibition de tout le troupeau la rhédibition n'aura lieu que si le troupeau porte la marque du vendeur; l'action en réduction du prix autorisée par le Code civil ne peut être exercée dans les ventes et échanges d'animaux énoncés dans l'article ci-dessus.

Le délai pour intenter l'action rédhibitoire sera, non compris le jour fixé par la livraison, de trente jours pour le cas de fluxion périodique des yeux et d'épilepsie ou mal caduc, de neuf jours pour les autres cas.

Si la livraison de l'animal a été effectuée ou s'il a été conduit dans les délais ci-dessus, hors du lieu, du domicile du vendeur, les délais seront augmentés d'un jour par myriamètre de distance du domicile du vendeur au lieu où l'animal se trouve. Dans tout les cas, l'acheteur, à peine d'être non recevable, est tenu de provoquer, dans les délais exigés par la loi, la nomination d'experts chargés de dresser procès-verbal; la requête doit être adressée au juge de paix du lieu où se trouve l'animal. Ce juge nommera immédiatement, suivant l'exigence des cas, un ou trois experts qui devront opérer dans le plus bref délai.

La demande sera dispensée du préliminaire de conciliation et l'affaire instruite et jugée comme matière sommaire.

Si, pendant la durée des délais fixés, l'animal vient à périr, le vendeur ne sera pas tenu de la garantie, à moins que l'acheteur ne prouve que la perte de l'animal provient de l'une des maladies que nous avons vues dans le § 1er.

Le vendeur sera dispensé de la garantie résultant de la morve et du farcin pour le cheval, l'âne et le mulet, et de la clavelée pour l'espèce ovine, s'il prouve que l'animal, depuis la livraison, a été mis en contact avec des animaux atteints de ces maladies.

ACTES. — AGE OU L'ON EST CAPABLE DE TOUS LES ACTES CIVILS.

Article 488 du Code civil.

La majorité est fixée à vingt-et-un ans accomplis A cet âge on est capable, de tous les actes de la vie civile sauf la restriction portée au titre de mariage.

MODÈLE DE BILLETS A ORDRE.

Le quinze du mois d   je paierai à l'ordre de M.   la somme de   valeur en mon domicile, etc.

Quand le corps du billet n'est pas écrit de la main du souscripteur, il doit mettre en toutes lettres : *Bon pour la somme de*

Tout billet doit être fait sur papier timbré, sous peine de six francs soixante centimes d'amende pour chaque cent francs, pour le souscripteur, et autant pour le premier endosseur.

DEMANDE D'UN BREVET D'INVENTION.

Toute nouvelle découverte ou invention dans tous les genres d'industrie confère à son auteur le droit exclusif d'exploiter à son profit ladite découverte ou invention.

La durée de ces brevets sera de cinq, dix, ou quinze années. Chaque brevet donnera lieu au paiement d'une taxe de cent francs par an, sous peine de déchéance si le breveté laisse écouler un terme sans l'acquitter.

Quiconque voudra prendre un brevet d'invention devra déposer, sous cachet, au secrétariat de la préfecture, dans le département où il est domicilié, ou y élisant domicile, — 1° Sa demande au ministre de l'agriculture et du commerce; — 2° une description de la découverte, invention ou application faisant l'objet du brevet demandé ; — 3° les dessins ou échantillons qui seraient nécessaires pour l'intelligence de la description; — et 4° un bordereau des pièces déposées.

La demande doit être limitée à un seul objet principal, avec les objets de détail qui le constituent, et les applications qui auront été indiquées.

Elle mentionnera la durée que les demandeurs entendent assigner à leur brevet et ne contiendra ni restrictions, ni conditions, ni réserves. — Elle indiquera un titre renfermant la désignation sommaire et précise de l'objet de l'invention.

La description ne pourra être écrite en langue étrangère.

Les dessins seront tracés à l'encre d'après une échelle métrique.

Un duplicata de la description et des dessins sera joint à la demande.

Toutes les pièces seront signées par le demandeur ou par un mandataire, dont le pouvoir restera annexé à la demande.

Aucun dépôt ne sera reçu sans la production d'un récépissé constatant le versement d'une somme de 100 fr. à valoir sur le montant de la taxe du brevet.

Un procès-verbal, dressé sans frais par le secrétaire général de la préfecture, sur un registre à ce destiné, et signé par le demandeur, constatera chaque dépôt, en énonçant le jour et l'heure de la remise des pièces.

Une expédition dudit procès-verbal sera remise au déposant moyennant le remboursement des frais de timbre.

La durée du brevet courra du jour du dépôt.

Les brevets dont la demande aura été régulièrement formée seront délivrés, sans examen préalable, aux risques et périls des demandeurs, et sans garantie, soit de la réalité, de la nouveauté ou du mérite de l'invention, soit de la fidélité ou de l'exactitude de la description.

DE LA POLICE RURALE.

Les maires, la gendarmerie et les gardes-champêtres sont spécialement chargés de la police rurale, qui a pour objet la conservation des fruits et des biens de la campagne.

Les gardes-champêtres sont officiers de police judiciaire, et, à ce titre, chargés de constater les crimes et délits, mais plus particulièrement les délits ruraux, puisqu'ils sont établis dans la commune pour assurer les propriétés et les récoltes.

Les délits ruraux sont, suivant leur nature, de la compétence du juge de paix, ou du maire, ou du tribunal correctionnel, et passibles d'amendes ou d'emprisonnement, sous préjudice de l'indemnité qui peut être due à celui qui a souffert du dommage.

L'indemnité et l'amende sont dues solidairement par les délinquants.

Les maris, les pères, les mères, tuteurs, maîtres, entrepreneurs de toute espèce, sont civilement responsables des délits commis par leurs femmes et enfants, mineurs, domestiques, voituriers et autres subordonnés ; mais s'il y a prison, elle n'est subie que par les délinquants.

TABLE DES MATIERES.

www.ingramcontent.com/pod-product-compliance
Ingram Content Group UK Ltd.
Pitfield, Milton Keynes, MK11 3LW, UK
UKHW021059270726
13994UKWH00009B/1019

9 782329 438788